AF325684

INSTRUCTION MINISTÉRIELLE

POUR LA MISE A EXÉCUTION

DE L'ORDONNANCE DU 29 OCTOBRE 1820.

Paris, le 10 avril 1821.

LE MINISTRE SECRÉTAIRE D'ÉTAT AU DÉPARTEMENT DE LA GUERRE,

A MM. les Chefs des Légions de Gendarmerie.

MONSIEUR, j'ai l'honneur de vous adresser des exemplaires de l'ordonnance royale du 29 octobre dernier, sur le service de la gendarmerie, avec les modèles des rapports, états et contrôles que j'ai arrêtés pour les diverses parties du service. Ces exemplaires, que vous ferez distribuer aux conseils d'administration et aux brigades des compagnies de votre légion, ainsi qu'aux officiers de tous grades, seront conservés avec soin dans les résidences de l'arme, attendu que la dépense d'impression aux frais du Ministère ne devra pas se renouveler.

La mise à exécution de l'ordonnance aura lieu immédiatement. Les instructions suivantes guideront à cet effet les militaires du corps.

Les conditions d'admission dans l'arme doivent être scrupuleusement observées, puisque la bonne composition de la troupe en dépend entièrement. Les propositions ne pourraient être faites qu'après un examen attentif des sujets; et l'omission d'une seule des formalités énoncées dans le modèle n°. 1, entraînerait le rejet ou l'ajournement des demandes. L'établissement complet des services devant avoir lieu au moment des admissions, si les pièces justificatives à joindre aux mémoires de proposition ne relataient pas tous les services, il y serait suppléé par une déclaration très-détaillée, signée par les candidats, et d'après laquelle il serait fait aussitôt des recherches et vérifications au ministère de la guerre. *[Admissions.]*

Les règles particulières pour l'avancement dans le corps, sont basées sur les dispositions de l'ordonnance du 2 août 1818. Les chefs, depuis les premiers degrés de la hiérarchie, sont appelés à émettre leur opinion sur les sous-officiers et gendarmes qui, sous leurs yeux, se distinguent dans le service; et les *[Avancement.]*

a*

précautions exigées pour la formation des listes de concours, donnent les moyens de fixer les choix sur les sujets les plus dignes d'avancement.

Rangs. Les rangs dans le corps sont établis suivant un mode qui lève toute incertitude et fait écarter les prétentions mal fondées. Dans l'armée, la gendarmerie a l'avantage du rang supérieur : seulement, les officiers du corps royal d'état-major, ont, à titre d'attribution particulière, le commandement sur les officiers de gendarmerie qui exercent l'emploi correspondant au grade dont les premiers sont revêtus, sans égard à la supériorité de rang dont jouissent les derniers.

Serment. Le serment des militaires de l'arme, devant les tribunaux, rappelle l'importance des devoirs de la gendarmerie. Les colonels réuniront, à l'époque de leur prochaine revue, les brigades dans les chefs-lieux où siége un tribunal, pour prêter le serment. Les expéditions de ces actes individuels, seront recueillies par lieutenance, afin que les sous-intendans militaires chargés de la police administrative des compagnies, n'aient pas à m'en faire des transmissions trop multipliées.

Obligations envers les Ministres. La deuxième partie de l'ordonnance embrasse la généralité des devoirs et obligations du corps de la gendarmerie. La forme précise des comptes à rendre aux ministres est indiquée dans les modèles numérotés de 9 à 15. Une expédition de tous les rapports mensuels et annuels, dans les attributions de chaque ministère, me sera exactement adressée ; ce qui rendra superflu l'envoi qui a eu lieu jusqu'à ce jour des rapports périodiques.

Relations avec les différentes autorités. Les relations de la gendarmerie avec les différentes autorités, sont déterminées de la manière la plus positive, pour prévenir des conflits d'attributions et des oppositions dans le service.

Les officiers doivent faire une étude particulière de cet ensemble des opérations de l'arme : ils s'attacheront sur-tout à bien connaître la nature et les limites de leurs rapports avec les autorités militaires, en ce qui concerne le service et le personnel du corps ; et l'étendue que peut avoir l'action des autorités judiciaires et administratives sur la gendarmerie, par le droit de réquisitions que les lois ont conféré à ces autorités. L'ordonnance, s'appuyant sur les mêmes lois, ne permet pas que les officiers, sous-officiers et gendarmes aient à souffrir des exigences personnelles et soient forcés de déférer à des demandes qui ne seraient pas légales. Elle a encore défendu, dans les réquisitions adressées à la gendarmerie, toutes formules peu conformes à la position militaire du corps et qui porteraient atteinte à la considération et au rang dont il jouit dans l'armée.

Colléges électoraux. Lors de la réunion dernière des colléges électoraux, les colonels ont reçu communication des articles sur les devoirs de la gendarmerie près de ces colléges , avec l'observation que s'il ne se trouvait pas d'officiers en résidence dans quelques lieux de réunion , il en serait envoyé immédiatement , afin que le service fût toujours commandé par un officier pendant la durée des sessions. Les commandans de compagnies remplissent cette mission près des colléges de département.

La gendarmerie continuera de se conformer, pour les honneurs à rendre , aux dispositions prescrites par les actes antérieurs du gouvernement, notamment par le décret du 24 messidor an XII : elle observera , principalement à l'égard des présidens des cours d'assises , ce qui est ordonné par le décret du 27 février 1811.

Il convient de remarquer, qu'en général, et sauf les cas expressément déterminés par les réglemens , les gardes et escortes d'honneur pour les autorités , ne sont fournies par la gendarmerie qu'à défaut de troupes de ligne, et en ayant d'ailleurs toujours égard aux besoins du service de sûreté publique. Dans le cas où les réquisitions pour cet objet paraîtraient mal fondées , les chefs du corps feront les représentations convenables et avec tous les ménagemens dus aux autorités , et nécessaires pour le maintien de la bonne harmonie. Toutefois, si leurs représentations ne sont pas écoutées , ils obtempéreront aux réquisitions , sauf à m'en rendre compte , pour faire redresser les irrégularités qui pourraient avoir eu lieu.

Quelques observations relatives aux escortes des préfets pendant leurs tournées administratives , ont été faites depuis l'émission de l'ordonnance : elles motiveront des propositions particulières à S. M.; et provisoirement, la gendarmerie fournira deux gendarmes d'escorte, lorsque les préfets feront des réquisitions pour ce service.

La gendarmerie est également appelée à prendre part aux fêtes et cérémonies publiques. D'après les réglemens en vigueur , les officiers de cette arme ne sont point placés dans la série des fonctionnaires auxquels il est assigné un rang individuel dans les cérémonies ; mais ils sont admis à prendre rang , suivant leur grade et l'étendue de leur commandement, parmi les officiers des états-majors de division , de subdivision ou de place , qui se trouvent dans les villes où ils résident.

Il faut observer que s'il n'existait pas , de fait , dans les chefs-lieux de légions, de compagnies ou de lieutenances, d'états-majors de division, de subdivisions ou de place , les officiers de gendarmerie considérés comme faisant partie d'un de ces corps, n'en auraient pas moins le droit de prendre place dans le rang que tiendraient ces états-majors eux-mêmes, s'il en existait dans ces résidences.

Les officiers de gendarmerie qui, à grade égal, cèdent le commandement aux officiers du corps royal d'état-major, ont, dans l'ordre des préséances, sur ces derniers, du grade correspondant au leur, la priorité du rang honorifique.

Lorsque des officiers en non activité, en retraite, etc. sont invités aux cérémonies publiques et admis à se réunir aux divers états-majors de division, de subdivision ou de place, ils ne peuvent, quel que soit leur grade, prendre rang qu'après tous les officiers en activité.

Il n'est rien innové par l'ordonnance (art. 99), aux dispositions antérieures pour les honneurs à rendre par les troupes de garnison, aux inspecteurs généraux de gendarmerie, pendant le temps des inspections. Le décret du 24 messidor an XII a statué que les honneurs militaires accordés aux lieutenans généraux et maréchaux-de-camp, *employés*, et qui sont spécifiés aux titres 14 et 15, étaient également dus aux inspecteurs généraux d'armes. Dans les villes où il n'y a pas de troupes de ligne, la gendarmerie fournit les gardes d'honneur aux inspecteurs généraux du corps; mais avec les restrictions que la position des brigades commande, et ainsi qu'il a été prévu par l'art. 8, titre XXV du décret du 24 messidor an XII, pour les cas d'insuffisance de troupes ou de convenances du service.

Les honneurs, lors des premières entrées des lieutenans généraux et maréchaux-de-camp, sont exclusivement réservés pour les officiers généraux qui commandent une division ou subdivision territoriale.

Inspections et Revues annuelles. Les inspections et revues annuelles du corps ont pour but principal le maintien des réglemens, l'amélioration de toutes les parties du service, et l'examen des hommes, sous le double rapport de leurs connaissances militaires et de leur situation physique. Les chefs supérieurs, par leur présence dans les diverses stations des brigades, donnent l'impulsion la plus favorable au service; ils entendent eux-mêmes les réclamations et recherchent avec facilité les abus; ils apprécient les bons services, et portent un jugement impartial sur les officiers, sous-officiers et gendarmes, en appelant sur eux les récompenses que la justice la plus éclairée autorise à leur accorder.

Les modèles des contrôles de revues pour le personnel ont été établis sur un plan que l'ordonnance a tracé elle-même. Ces contrôles, divisés par lieutenances et par brigades, contiendront, sur la position des sous-officiers et gendarmes, sur leurs services, leur capacité et leur conduite privée, tous les détails qui serviront principalement à motiver les propositions que les inspecteurs généraux auraient à faire à leur égard. La situation topographique des brigades, la masse des opérations journalières de chacune, et l'opinion des chefs sur la manière dont les devoirs communs sont remplis, se trouvent ensuite indiqués pour compléter le tableau d'ensemble du service des compagnies.

Les contrôles de revues pour le matériel ont subi les changemens nécessaires afin d'offrir, dans un cadre simple, tout ce qu'il est utile de connaître sur l'armement, l'habillement et la remonte des hommes, sur le casernement et l'approvisionnement des fourrages de chaque brigade.

Les revues individuelles d'officiers, déjà en usage, remplissent entièrement leur objet, celui de faire connaître si les militaires offrent les garanties d'un bon service et continuent de mériter la confiance de Sa Majesté.

Pour la simplification des écritures du travail des inspections, il ne sera plus dressé que le nombre d'expéditions ci-après :

Une seule expédition des feuilles de revues d'officiers, destinée pour le ministère ;

Deux expéditions des contrôles de revues des brigades (personnel et matériel). Le double de l'expédition qui me sera envoyé, sera laissé au colonel, pour qu'il prenne connaissance, avant de le remettre au commandant de la compagnie, des notes et renseignemens, d'après lesquels il devra surveiller l'exécution des ordres de l'inspecteur général, ou préparer les mesures que rendraient indispensables les décisions réclamées. L'inscription des services sera faite par les trésoriers, sous leur responsabilité, quant à l'authenticité des services relatés ;

Deux expéditions des résumés des revues : l'une pour le ministère ; la seconde sera conservée par l'inspecteur général. La forme de ces résumés sera déterminée lors des prochaines inspections ;

Deux expéditions (une pour le ministère, et une pour le colonel) des listes d'avancement des gendarmes, brigadiers et maréchaux-des-logis ;

Une seule expédition, pour m'être envoyée, des listes d'avancement des officiers et des rapports particuliers à leur sujet.

Les chefs des légions se serviront, pour leurs revues, des titres des contrôles, modèles nº. 17 et 18. Ces revues étant considérées comme préparatoires des inspections, les colonels remettront un double de leurs contrôles et feuilles individuelles aux inspecteurs généraux.

Les commandans des compagnies ou des lieutenances suivront aussi les indications des modèles de revues annuelles, pour les contrôles qu'ils doivent établir pendant leurs tournées.

Il n'a pas encore été statué définitivement sur les déplacemens annuels des chefs de légions pour les vérifications de la comptabilité des compagnies; et jusqu'à nouvel ordre, ces déplacemens n'auront pas lieu.

Fonctions des officiers de tous grades.

L'énumération des services et obligations de la gendarmerie, déjà présentée dans l'ordonnance pour le corps en général, est suivie des articles qui définissent quelles sont les fonctions spéciales de chaque grade, et prescrivent un mode d'exécution du service ordinaire et extraordinaire, en retraçant les nombreuses opérations de l'arme.

Les officiers prendront une connaissance approfondie de ces dispositions, et particulièrement encore de tout ce qui se rapporte à l'exercice des fonctions de police judiciaire. Les citations des codes offrent, par leur rapprochement, le moyen d'en saisir avec facilité la liaison et l'esprit, afin de donner une direction sûre à l'action de la gendarmerie dans les opérations qui touchent aux premiers intérêts de la société.

Les recherches et poursuites contre les contraventions de police ne sont point au nombre des devoirs des officiers de gendarmerie exerçant les fonctions d'officiers de police auxiliaires (art. 149); cependant ce n'est point une exclusion tellement positive, qu'ils ne doivent intervenir quand les contraventions qui portent toujours préjudice à l'intérêt général et particulier, ne pourraient être signalées sans le concours et l'action de la gendarmerie.

L'article 153 donne lieu à cette observation, que l'officier de gendarmerie ne peut réellement ajouter ni faire ajouter de son fait, à une plainte toute rédigée; mais il est du devoir d'un officier de police judiciaire d'inviter le plaignant, dans l'intérêt de la justice, à donner à sa dénonciation tous les développemens propres à compléter les faits dont l'omission serait évidente.

La gendarmerie ne peut, sans s'exposer à des poursuites judiciaires, arrêter aucun individu contre lequel il n'aurait pas été décerné un ordre ou mandat de l'autorité compétente; mais il s'agit, dans l'art. 297, des atteintes qu'on porterait à la liberté individuelle des citoyens; et une interprétation contraire serait préjudiciable aux intérêts de l'ordre et de la tranquillité publique. Les officiers, sous-officiers et gendarmes ne présumeront pas qu'ils ne peuvent saisir les vagabonds, les perturbateurs, lors même qu'il n'y aurait pas de circonstances aggravantes, puisqu'ils manqueraient aux obligations qui leur sont formellement imposées par l'art. 179.

Les premiers présidens des cours royales sont désignés (art. 63) comme pouvant appeler auprès d'eux les commandans de la gendarmerie pour conférer sur des objets de service. Cette même faculté s'étend aux présidens des cours d'assises et au président de la cour de justice criminelle en Corse , dont les relations avec la gendarmerie sont fréquentes. Ces magistrats ne doivent au surplus s'adresser qu'aux commandans de la gendarmerie des lieux où se tiennent les cours.

Les communications des autorités judiciaires et administratives avec les commandans de la gendarmerie, ont toujours un objet déterminé de service, et n'imposent nullement à la gendarmerie l'obligation de se déplacer , chaque jour , pour s'informer du service qui pourrait être requis. Dans les cas extraordinaires les chefs doivent , par zèle , prévenir les demandes des autorités et se rendre chez elles aussi fréquemment que l'urgence des circonstances peut le commander.

L'article 68 a paru faire craindre que les officiers et sous-officiers ne missent des oppositions aux demandes des magistrats pour faire porter par les gendarmes les citations judiciaires, en s'établissant eux-mêmes les juges des cas où ce service serait d'une urgente et absolue nécessité. Cet article n'a point dérogé à la loi du 5 pluviôse an XIII , et à l'article 72 du code d'instruction criminelle , qui chargent de la remise des citations les huissiers et les agens de la force publique ; seulement il importe que les gendarmes ne soient pas détournés de leurs fonctions pour ce service , lorsqu'il peut être exécuté par les huissiers et autres agens; et si des difficultés venaient à s'élever à ce sujet , elles me seraient soumises et ne motiveraient , jusqu'à nouvel ordre , aucun refus de la part de la gendarmerie.

Dans les cas où la tranquillité publique serait menacée , les préfets peuvent faire mouvoir la gendarmerie; et l'article 73 indique que les mouvemens se concertent avec les chefs militaires. Mais les officiers de gendarmerie ne sont point appelés à discuter sur la nécessité des mesures que les préfets ont à prescrire; ils ont à désigner les points qui ne pourraient être dégarnis sans dangers, et communiquer tous les renseignemens convenables , tant sur la force des brigades disponibles et leur formation en détachemens, que sur les moyens de suppléer au service de ces brigades pendant leur absence momentanée.

Les registres particuliers des officiers seront tenus avec une grande exactitude. Il n'a pas été nécessaire d'en déterminer la forme, puisqu'ils sont destinés à un simple enregistrement des rapports et procès-verbaux et à la transcription de la correspondance.

Le service ordinaire et extraordinaire des brigades est tracé avec tous les dé-

Service ordinaire et extraordinaire des Brigades.

b

veloppemens convenables. Les sous-officiers et gendarmes devront se rendre familiers les détails de leurs obligations personnelles ; et les officiers ne négligeront pas les moyens de direction nécessaires pour fortifier l'instruction de leurs subordonnés, et les mettre en état de remplir avec intelligence et succès leurs divers services. Les comptes rendus dans les journaux ou feuilles mensuelles des brigades, d'après le nouveau modèle, feront juger si les gendarmes comprennent et exécutent bien tout ce qui est mis au nombre de leurs devoirs.

Les brigades apporteront un soin particulier à obtempérer aux réquisitions des autorités : elles suivront scrupuleusement les règles rappelées dans l'ordonnance pour la recherche et l'arrestation des personnes signalées, et leur tradition devant les officiers de police judiciaire.

Les officiers, sous-officiers et gendarmes ne doivent, principalement dans l'exercice de ces fonctions, faire aucun acte, sans être revêtus de leur uniforme. Ils s'exposeraient à des violences qu'on ne pourrait pas considérer comme des actes de rébellion contre la force armée, si, dans les cas d'arrestation, même en vertu de mandats légaux, soit au domicile des prévenus, soit dans les lieux publics, soit pendant les tournées, ils n'étaient pas à portée de faire paraître les marques distinctives de leur qualité, au moment même qu'ils font l'arrestation.

La gendarmerie a, par la nature de ses fonctions, un service permanent qui ne souffre pas que les officiers, sous-officiers et gendarmes puissent se soustraire à l'obligation d'être habituellement en tenue militaire, et l'art. 176 ne fait point supposer des exceptions à ce sujet ; mais il indique que c'est principalement lors des revues et tournées, et des communications avec les autorités, qu'on ne doit tolérer aucune infraction relativement à la tenue militaire. Par suite de négligences de ce genre, des officiers n'ont pu quelquefois exécuter assez promptement des services urgens, ou même ont éprouvé des résistances de la part de leurs subordonnés dans les mesures qu'ils leur prescrivaient. La tenue de société n'est pas cependant défendue aux militaires du corps dans les cas où les habitudes civiles semblent la rendre convenable : les colonels en régleraient seulement l'usage, suivant les circonstances et les lieux ; le séjour des garnisons dans les résidences de la gendarmerie pouvant particulièrement motiver quelques mesures restrictives.

Des contestations survenues relativement à l'entrée de la force armée dans les spectacles, rendent nécessaire de renouveler l'observation qu'aucune disposition des lois et réglemens ne donne à la gendarmerie le droit de s'introduire dans les salles de spectacle; et si, pour des objets de service extra-ordinaire, il devenait indispensable qu'elle y pénétrât, cette entrée n'aurait lieu qu'avec l'autorisation ou sur la réquisition des autorités civiles locales.

Les sous-officiers et gendarmes s'appliqueront à dresser leurs procès-verbaux avec exactitude et clarté. Ils ne pourront, sans encourir des punitions sévères, négliger de faire parvenir sur-le-champ, à qui de droit, les procès-verbaux sur les évasions qui auraient eu lieu, des prévenus ou condamnés, lors des trans-fèremens : ils mettront la plus grande vigilance dans les escortes de prisonniers, et ils se conformeront ponctuellement aux indications portées dans le modèle des ordres de conduite.

Quelques changemens viennent d'être faits dans la nomenclature des gîtes d'étapes : ils donnent occasion de faire remarquer que, d'après la circulaire du 11 décembre 1811, les militaires escortés doivent se rendre régulièrement, le même jour, d'un gîte d'étape à l'autre, sans pouvoir être déposés dans les communes intermédiaires de ces gîtes.

Les sous-officiers et gendarmes observeront pour les autres escortes, soit de deniers royaux, soit de convois et munitions de guerre, toutes les mesures de précautions qui seraient indiquées par des instructions et réglemens par-ticuliers des autorités locales ou des agens supérieurs, qui ont le droit de re-quérir la gendarmerie.

Lorsque la gendarmerie doit pourvoir à la sûreté des diligences et malles chargées de fonds appartenans au gouvernement, il est essentiel que les officiers se concertent avec les autorités civiles qui font les réquisitions, pour substituer à des escortes qui ne seraient pas absolument indispensables, et qui dérange-raient le service habituel, des patrouilles et des embuscades, en combinant les marches et stations suivant la durée du trajet à faire par les diligences ou malles, et les dangers que laisserait entrevoir la route qui doit être éclairée.

Le service des compagnies maritimes est dirigé d'après les ordres immédiats du ministre de la marine. Les colonels doivent veiller avec soin au maintien de l'ordre et de la discipline dans ces compagnies, et concourir à toutes les mesures pour la répression des infractions et abus qui leur seraient signalés. Compagnies mari-
times.

L'art. 47 a rappelé le principe déjà consacré par les lois sur les récompenses et indemnités que peuvent mériter, dans l'exercice de leurs fonctions, les mi-litaires du corps de la gendarmerie. Le zèle et une activité remarquable en toutes circonstances; la réussite des expéditions importantes et périlleuses due à une parfaite intelligence et au dévouement, seront toujours l'objet des en- Encouragemens
à la gendarmerie.

b*

couragemens et des récompenses spéciales de S. M. Les pertes de chevaux et d'effets, les accidens personnels, éprouvés notamment dans l'exécution du service extraordinaire ; les dommages mêmes résultans des événemens de force majeure, motiveront des allocations d'indemnités pour qu'aucun militaire n'ait à supporter des sacrifices, en remplissant bien ses devoirs.

Le nombre et les modèles des registres à tenir par les brigades de gendarmerie seront arrêtés ultérieurement.

Police et Discipline. Toutes les dispositions qui concernent la police et la discipline du corps, l'ordre intérieur dans les compagnies, celles relatives aux remontes, aux mouvemens et mutations des hommes, sont réunies dans le chapitre qui termine l'ordonnance.

Les règles pour la police et discipline du corps, ne laisseront rien à l'arbitraire, et donneront tous les moyens d'user d'une juste sévérité, selon les besoins et les intérêts du service. Les chefs, par une attention soutenue à ne point souffrir de négligence dans la pratique des devoirs, ni aucune atteinte aux principes de l'ordre et de la subordination, maintiendront l'arme dans le degré de considération qu'elle a justement acquis. Le registre de discipline, contenant les bonnes et les mauvaises notes sur la conduite des sous-officiers et gendarmes, avec les rectifications faites aux époques des tournées et revues, sera consulté avec fruit pour les encouragemens ou les punitions qu'il conviendrait de proposer. Le rapport trimestriel (modèle n°. 9), formé principalement de ces notes, me mettra à même d'apprécier si la composition de la troupe dans chaque légion est toujours telle que le service l'exige, et s'il n'est pas mis de faiblesse et d'insouciance, ou apporté de rigueur déplacée dans l'exercice de l'autorité confiée aux chefs pour le maintien de la discipline.

Remontes. Les articles des ordonnances, sur les remontes, consacrent d'anciennes dispositions. Les officiers qui resteraient démontés assez long-temps pour compromettre le service, en ne satisfaisant point à toutes les obligations de leur grade, encourront la perte de leur emploi. Les sous-officiers et gendarmes ne doivent éprouver aucun obstacle à faire eux-mêmes l'acquisition de leurs chevaux, dont la réception d'ailleurs n'est autorisée que lorsqu'ils sont reconnus propres à leur destination.

Les inspecteurs-généraux ayant seuls le droit de désigner les chevaux susceptibles de réforme, les remplacemens de chevaux ne doivent être faits que d'après leurs ordres. Pour les cas d'urgence seulement, les colonels accordent les autorisations de vente ou d'échange dans l'intervalle des revues.

Ces dispositions, loin d'enlever aux gendarmes la facilité de se monter convenablement, ont l'avantage d'empêcher ces militaires de se livrer à des spéculations d'achat et de revente, qui, en définitif, tournent au détriment du service, et elles mettent également à même de connaître si les chevaux n'ont pas été ruinés par ces courses et voyages auxquels les gendarmes auraient été astreints contre les défenses expresses des réglemens. Il importe beaucoup, d'après les plaintes fréquentes qui m'ont été adressées, de veiller à ce qu'il ne soit jamais fait un emploi abusif des chevaux des sous-officiers et gendarmes, et les officiers deviendraient, envers ces militaires, responsables des dommages résultans, soit de leur propre fait par l'usage personnel qu'ils feraient des chevaux, soit de leurs ordres pour des transmissions de correspondances et des déplacemens multipliés qu'on ne pouvait exiger de la gendarmerie.

Quelques difficultés paraissent exister relativement à l'exclusion des jumens du service de l'arme. Les inspecteurs généraux seront chargés, lors de leurs revues, d'examiner si les raisons de localités que l'on aurait à faire valoir sont assez puissantes pour qu'il doive être fait quelques exceptions. Les colonels qui se trouveraient, dès à présent, dans la nécessité de permettre des réceptions de chevaux non autorisées par l'ordonnance, auraient à justifier de leurs motifs à l'époque de la prochaine inspection.

Les permissions de huit jours que les colonels peuvent, d'après l'ordonnance, Permissions. délivrer aux officiers, sous-officiers et gendarmes, n'entraînent pas la privation de la solde d'activité, et pour cela même ne doivent être données qu'avec beaucoup de réserve et pour des causes bien fondées. Il est formellement interdit aux militaires qui les obtiennent, de s'en servir pour se rendre dans les départemens de la Seine, et de Seine-et-Oise; et les colonels eux-mêmes n'autoriseront pas ces voyages. Il sera fait exception seulement à l'égard des militaires appartenans à la 1re. légion, dont la présence, près du chef, devient quelquefois utile pour des affaires de service. Ces permissions ne peuvent être prolongées; et dans le cas où, par exception particulière, je les aurais converties en congés limités, il ne sera alloué que la demi-solde à partir de la date même des permissions.

Les déplacemens et changemens de résidences n'ont lieu que d'après des dé- Déplacemens et changemens de résidence. cisions ministérielles; cependant, si des raisons très-urgentes ne permettaient pas le moindre retard, les colonels feraient opérer ces mouvemens en justifiant aussitôt, auprès de moi, de leur nécessité et des demandes qui leur auraient été faites à ce sujet. Dans les seuls cas où tout ce qui intéresse le service et la discipline, l'ordre et la tranquillité publique, aurait pu être compromis gravement, je maintiendrais les déplacemens provisoirement ordonnés ; mais mon approbation devra être sur-le-champ demandée, afin que les colonels puissent recevoir mes décisions assez à temps, pour que les sous-intendans militaires qui doivent en exiger la communication dans le seul délai d'un mois, ne soient pas forcés de suspendre le paiement de la solde des hommes dont je n'aurais pas confirmé le changement de résidence. Si les inspecteurs généraux, en ordonnant de semblables mouvemens, comprenaient leurs propositions pour les rendre définitives, dans le travail de revues dont l'examen exige beaucoup de temps, il me serait rendu des comptes particuliers des déplacemens au moment même où ils auraient été exécutés, pour que l'envoi de mes décisions n'éprouvât aucun retard.

Permutations et cessations d'activité.

Les permutations et tous autres changemens de destination se sont exécutés souvent d'une manière peu convenable aux intérêts du service. Les officiers qui permutent entre eux doivent partir immédiatement pour leurs nouveaux postes et ne point s'attendre dans les résidences échangées. Les militaires admis à la retraite ou au traitement de réforme, ne peuvent prolonger leur séjour à leurs compagnies jusqu'à l'arrivée de leurs successeurs, parce qu'il en résulterait une double allocation de solde. J'ai arrêté, en conséquence, que les officiers, sous-officiers et gendarmes qui recevraient des lettres de passe, de réforme, d'admission à la retraite, ou des congés, cesseraient leur activité, et seraient rayés des contrôles des compagnies du lendemain du jour de la notification qui leur sera faite des décisions rendues sur leur compte. Ils seront provisoirement remplacés dans leurs postes, ainsi qu'il est mentionné à l'art. 178 de l'ordonnance, pour les cas de vacances d'emplois, d'absences ou de maladies.

La correspondance sur le service et la transmission des demandes des militaires de tous grades, doivent avoir toujours lieu par la voie hiérarchique. L'ordonnance prescrit formellement l'exécution d'une disposition qui ne tient pas moins à la subordination qu'à l'intérêt même des affaires. C'est par l'intermédiaire des colonels, et pour ce qui concerne la comptabilité, par les conseils d'administration, que doivent me parvenir les rapports et propositions, ainsi que les demandes et réclamations individuelles. On ne peut s'écarter de cette règle que lorsque des circonstances impérieuses rendent absolument indispensable la correspondance directe des militaires des grades inférieurs, ainsi qu'il est exprimé dans les articles 45 et 318.

Les dernières dispositions de l'ordonnance résument tout ce qui est de l'essence même du service. La gendarmerie, chargée de veiller à la sûreté des citoyens, ne peut refuser son secours à ceux qui le réclament. Tout abus de pouvoir de sa part est réprimé avec sévérité par ces mêmes lois qui la font respecter dans l'exercice de ses fonctions. Des règles protectrices pour les individus, sont imposées dans les cas d'arrestation et de détention. La force des armes ne peut être déployée que dans les circonstances les plus graves, et toujours avec les ménagemens compatibles avec l'intérêt public. La gendarmerie qui n'obtempère pas aux réquisitions légales des autorités, devient responsable des événemens. Elle est secondée, dans les opérations majeures, par les gardes nationales et les troupes de ligne, et se fait assister par les gardes champêtres et les gardes forestiers. Enfin elle ne peut être assujettie à des occupations étrangères à son service et qui lui fassent perdre de vue le but de son institution.

Par son ensemble, l'ordonnance du 29 octobre a complété le système du service de la gendarmerie; et les modèles d'états, ainsi que la présente instruction, renferment les détails et explications qui ne devaient pas entrer dans le texte de l'ordonnance. La plus grande vigilance et des soins non interrompus deviennent maintenant nécessaires pour imprimer et entretenir dans les compagnies un mouvement prompt et uniforme d'exécution et faire cesser les obstacles qui pourraient se présenter. Cette tâche est particulièrement celle des chefs de légions et des commandans de compagnies à qui l'ordonnance a départi les pouvoirs à cet effet. C'est encore par l'entière coopération des officiers de tous grades que l'on doit parvenir au but si vivement désiré, d'assurer définitivement de la manière la plus parfaite, sur tous les points du royaume, le service d'un corps sur qui repose, d'après l'autorité même des lois, le maintien de l'ordre et de la tranquillité publique et individuelle.

Tous les militaires de l'arme, pénétrés ainsi qu'ils doivent l'être, de l'obligation rigoureuse de leurs devoirs, montreront, sans aucun doute, dans cette circonstance, leur empressement et leur zèle. Les inspecteurs généraux, lors de leurs revues, s'attacheront à connaître ceux qui, par des preuves éclatantes, auraient démontré toute l'utilité du corps de la gendarmerie dans l'État et son dévouement au service du Roi. En me proposant des récompenses pour ces militaires, les inspecteurs généraux me signaleront ceux qui, loin de contribuer à ces succès, auront, par leurs mauvaises dispositions et leur négligence, retardé les heureux résultats que l'on doit attendre de toutes les mesures que Sa Majesté a prescrites dans l'ordonnance de service de la gendarmerie.

MM. les colonels m'accuseront réception de cette instruction et des exemplaires de l'ordonnance qui y sont joints.

J'ai l'honneur d'être avec considération, Monsieur, votre très-humble et très-obéissant serviteur.

Signé Le Marquis V. DE LATOUR-MAUBOURG.

Pour ampliation :

Le Secrétaire général du Ministère de la guerre,

PERCEVAL.

ORDONNANCE DU ROI

PORTANT

RÉGLEMENT

SUR LE SERVICE

DE LA GENDARMERIE.

DU 29 OCTOBRE 1820.

A PARIS,

CHEZ LEFEBVRE, IMPRIMEUR DE LA GENDARMERIE ROYALE,

RUE DE BOURBON, N°. 11, F. S.-G.

1820.

ORDONNANCE DU ROI

PORTANT

RÉGLEMENT

SUR LE SERVICE DE LA GENDARMERIE.

Au Château des Tuileries, le 29 Octobre 1820.

LOUIS, PAR LA GRACE DE DIEU, ROI DE FRANCE ET DE NAVARRE, à tous ceux qui ces présentes verront, Salut :

Sur le rapport de nos Ministres secrétaires d'état de la Guerre et de l'Intérieur,

Voulant réunir les dispositions des Lois, ordonnances et instructions sur le service de la gendarmerie royale, et déterminer d'une manière plus positive les devoirs de ce corps et ses rapports avec les différentes autorités,

NOUS AVONS ORDONNÉ ET ORDONNONS CE QUI SUIT :

PREMIÈRE PARTIE.

CHAPITRE PREMIER.

De l'Institution de la Gendarmerie.

ARTICLE 1er.

La gendarmerie royale est une force instituée pour veiller à la sûreté publique, et pour assurer, dans toute l'étendue du royaume, dans les camps et dans les armées, le maintien de l'ordre et l'exécution des lois.

Une surveillance continue et répressive constitue l'essence de son service.

2.

Le corps de la gendarmerie royale est une des parties intégrantes de l'armée, et les dispositions générales des lois militaires lui sont applicables, sauf les modifications et les exceptions que la nature mixte de son service rend nécessaires.

3.

Toutes les fois que la gendarmerie royale est insuffisante pour dissiper les émeutes populaires ou attroupemens séditieux, et faire cesser toute résistance à l'exécution des lois, elle requiert l'assistance des gardes nationales et des troupes de ligne, qui sont tenues de déférer à ses réquisitions, et de lui prêter main-forte.

La gendarmerie se conforme, pour ces réquisitions, aux articles 73, 74, 84, 90 et 92 de la présente ordonnance.

CHAPITRE II. — DU PERSONNEL.

Force et Organisation du Corps.

4.

Le corps de la gendarmerie royale se compose, 1°. de la gendarmerie d'élite; 2°. de vingt-quatre légions pour le service des départemens et des arrondissemens maritimes; 3°. de la gendarmerie spécialement affectée au service de notre bonne ville de Paris.

5.

Le corps de la gendarmerie d'élite, institué pour le service de nos résidences royales, est placé sous les ordres du major-général de service de notre garde royale, et est composé de

ÉTAT-MAJOR.

OFFICIERS.	Colonel.	1.
	Capitaine adjudant-major.	1.
	Lieutenant-trésorier	1.
	Chirurgien-major.	1.
SOUS-OFFICIERS.	Adjudant sous-officier	1.
	Trompette-brigadier.	1.
	Maréchal vétérinaire.	1.

COMPAGNIES.

OFFICIERS.	Chefs d'escadron commandans.	2.
	Lieutenans.	6.
TROUPE.	Maréchaux-des-logis chefs.	2.
	Maréchaux-des-logis.	12.
	Brigadiers.	24.
	Gendarmes.	184.
	Trompettes.	4.

FORCE TOTALE. . . . . . 241 hommes.

6.

Les vingt-quatre légions sont divisées en compagnies, lieutenances et brigades ; la force de ces légions est de

Colonels.	24.
Chefs d'escadron, commandans de compagnie.	24.
Capitaines.	68.
Lieutenans.	378.
Trésoriers.	92.
Maréchaux-des-logis à cheval.	533.
Brigadiers à cheval.	1,067.
Gendarmes à cheval et trompettes.	8,000.
Maréchaux-des-logis à pied	216.
Brigadiers à pied.	434.
Gendarmes à pied.	3250.

FORCE TOTALE. . . . . 14,086 hommes.

7.

Le corps de la gendarmerie royale de Paris est composé de

ÉTAT-MAJOR.

OFFICIERS.	Colonel.		1.
	Chefs d'escadron.		3.
	Major.		1.
	Adjudans-majors.	Capitaine.	1.
		Lieutenans.	2.
EMPLOIS CIVILS.	Trésorier.		1.
	Chirurgiens.	Major.	1.
		Aides.	2.
SOUS-OFFICIERS.	Adjudans sous-officiers		3.
	Maréchal vétérinaire.		1.
	Trompette maréchal-des-logis		1.
	Tambour-major.		1.
	Maîtres ouvriers.		4.

COMPAGNIES.

FORCE des 6 compagnies.	Capitaines.	6.
	Lieutenans.	24.
	Maréchaux-des-logis chefs.	6.
	Maréchaux-des-logis à cheval.	36.
	Idem à pied.	60.
	Brigadiers-fourriers.	6.
	Brigadiers à cheval.	72.
	Idem à pied.	120.
	Gendarmes à cheval.	432.
	Idem à pied.	720.
	Trompettes.	12.
	Tambours.	12.

FORCE TOTALE. . . . . 1,528.

8.

Les vingt-quatre légions sont inspectées par des inspecteurs généraux spéciaux, qui sont du grade de lieutenant général ou de maréchal-de-camp, et ont partie du cadre de l'état-major général de l'armée.

Admission.

9.

Les conditions d'admission dans la gendarmerie sont,

D'être âgé de vingt-cinq ans, et de quarante ans au plus;

D'avoir la taille d'un mètre sept cent trente-deux millimètres pour le service à cheval, et d'un mètre sept cent cinq millimètres pour le service à pied;

De savoir lire et écrire correctement;

De produire les attestations légales d'une bonne conduite soutenue;

De justifier d'un rengagement ou d'un congé en bonne forme.

10.

A défaut d'hommes justifiant d'un rengagement dans un corps de ligne, ou d'un congé en bonne forme, les militaires en activité, âgés de vingt-cinq ans révolus, ayant quatre années de service, peuvent concourir pour les emplois de gendarmes, s'ils réunissent les autres conditions d'admission ci-dessus prescrites, et s'ils sont d'ailleurs reconnus, par leurs chefs ou par les inspecteurs généraux d'armes, susceptibles de servir dans la gendarmerie.

11.

Les militaires licenciés, qui n'ont pas été appelés à faire partie des cadres de l'armée, sont admissibles aux emplois de gendarmes, pourvu qu'ils aient quatre ans de service, qu'ils puissent s'habiller et s'équiper à leurs frais, et qu'ils réunissent d'ailleurs les autres conditions exigées sous les rapports de la taille, de l'instruction et de la bonne conduite.

12.

Lorsque ces militaires veulent entrer dans la gendarmerie, ils se présentent au commandant de la gendarmerie de leur département, qui soumet, s'il y a lieu, des propositions au colonel de la légion. Cet officier supérieur, après avoir reconnu que les sujets réunissent l'ensemble des conditions exigées, en rend compte à notre Ministre de la guerre, auquel il adresse, à l'appui des mémoires de proposition, les actes de naissance et les pièces justificatives des services et de bonne conduite.

13.

Les sous-officiers et soldats qui ont accompli un rengagement, ont le droit d'être admis dans la gendarmerie. En conséquence, ceux d'entre eux qui veulent servir dans cette arme, doivent, aussitôt après la réception de leur congé, se présenter à l'officier commandant la gendarmerie d'un département : cet officier vérifie s'ils ont les qualités requises, et, dans ce cas, les admet provisoirement; leurs demandes et les pièces à l'appui sont adressées sur-le-champ au colonel de la légion, qui, après examen, les transmet au Ministre de la guerre, avec son avis particulier.

Ces sous-officiers et soldats reçoivent la solde de gendarme à pied jusqu'à ce que le ministre de la guerre leur ait assigné des destinations : ils ont droit en outre à l'indemnité de première mise attribuée à leur arme, et, s'il y a lieu, il est fait une avance de 400 fr. aux gendarmes à cheval, pour les aider à se monter et s'équiper.

Les mêmes dispositions pourront être appliquées aux sous-officiers et soldats qui, n'ayant pas contracté un rengagement, obtiendraient, immédiatement après l'expiration de leur temps de service, d'être admis dans la gendarmerie.

Avancement.

14.

Les brigadiers sont pris parmi les gendarmes qui ont au moins deux ans de service en cette qualité, ou parmi les sous-officiers de la ligne qui, ayant accompli un rengagement, ont occupé, pendant trois ans, dans un corps de l'armée, l'emploi d'adjudant, de sergent-major ou de maréchal-des-logis chef.

15.

Les maréchaux-des-logis sont pris parmi les brigadiers ayant au moins deux ans d'exercice dans ce grade.

16.

L'avancement aux emplois de maréchaux-des-logis et de brigadiers a lieu par légion, à moins que les besoins du service ne forcent à intervertir cet ordre.

17.

Les deux tiers des emplois de lieutenant dans les compagnies sont donnés aux lieutenans de l'armée, âgés de vingt-cinq ans révolus, ou de quarante ans au plus, et qui ont au moins deux ans de service dans ce grade. Ne peuvent concourir pour ces emplois les officiers pourvus du grade de capitaine.

L'autre tiers des lieutenances appartient à l'avancement des sous-officiers de gendarmerie ayant au moins quatre ans de service en cette qualité dans l'arme.

18.

Les maréchaux-des-logis, brigadiers et gendarmes concourent pour l'avancement ainsi qu'il suit:

A l'époque des inspections de la gendarmerie, les lieutenans forment chacun une liste de deux gendarmes et de deux brigadiers, qu'ils reconnaissent les plus susceptibles d'obtenir de l'avancement. Le commandant de la compagnie, après avoir émis son opinion sur les sujets présentés par les lieutenans, envoie ces listes au colonel de la légion, avec une liste particulière des maréchaux-des-logis qui servent avec le plus de distinction.

Le colonel émet également son opinion sur ces listes ; et l'inspecteur général, après y avoir consigné ses observations, les adresse, avec son travail de revue, à notre Ministre de la guerre.

L'état des maréchaux-des-logis susceptibles d'être faits officiers, est établi à raison de quatre candidats par légion.

Ces listes et états sont rectifiés à chaque inspection. (Les modèles en sont établis par notre Ministre de la guerre). Cependant, si, dans l'intervalle d'une inspection à une autre, des maréchaux-des-logis, brigadiers ou gendarmes, non désignés comme candidats, rendent des services de nature à leur procurer un prompt avancement, ils sont susceptibles d'être promus aux emplois vacans, s'ils réunissent d'ailleurs les autres conditions prescrites.

19.

Les maréchaux-des-logis appelés au tiers des emplois de lieutenant, n'ont d'abord que le grade de sous-lieutenant ; ils remplissent néanmoins les mêmes fonctions que les lieutenans, et leur sont assimilés pour la solde.

A l'expiration des quatre ans d'exercice dans l'emploi de sous-lieutenant, ces officiers reçoivent le brevet de lieutenant.

20.

Les emplois de trésorier sont conférés à des lieutenans de gendarmerie ou de l'armée, qui réunissent les conditions exigées pour ces emplois. Toutefois les sous-officiers de gendarmerie promus au grade de sous-lieutenant, ainsi qu'il est expliqué par l'article précédent, peuvent être nommés trésoriers, pourvu qu'ils réunissent également les conditions exigées.

21.

Les lieutenans et les sous-lieutenans de la gendarmerie qui veulent concourir pour les emplois de trésorier, sont examinés par l'inspecteur général, le conseil d'administration assemblé : le sous-intendant militaire, ayant la police administrative de la compagnie, est présent à la séance ; son avis est inscrit au procès-verbal ; le résultat de ces examens fait l'objet d'un rapport spécial dans le travail des revues.

22.

Les lieutenans trésoriers concourent avec les lieutenans des compagnies pour l'avancement au grade de capitaine : cependant, si l'intérêt particulier du service l'exige, un trésorier promu au grade de capitaine pourra être maintenu dans l'exercice de ses fonctions, sans que cette exception puisse jamais s'étendre à plus d'un trésorier par arrondissement d'inspection.

La résidence de cet officier est toujours fixée au chef-lieu d'une légion.

23.

L'avancement aux grades de capitaine et de chef d'escadron commandant de compagnie a lieu sur tout le corps, savoir : les deux tiers à l'ancienneté, et l'autre tiers à notre choix.

24.

La moitié des emplois de chef de légion de gendarmerie est conférée aux colonels de l'armée ; l'autre moitié appartient à l'avancement des officiers de gendarmerie, deux tiers à l'ancienneté, et un tiers à notre choix.

25.

Les chefs d'escadron de gendarmerie appelés à la moitié des emplois de chef de légion n'ont d'abord que le grade de lieutenant-colonel ; mais ils remplissent les mêmes fonctions et jouissent de la même solde que les autres chefs de légion.

Après quatre ans de grade de lieutenant-colonel, ils seront promus au grade de colonel.

26.

L'avancement aux grades de maréchal-de-camp et de lieutenant général dans la gendarmerie a lieu conformément aux règles établies par nos ordonnances des 22 juillet et 2 août 1818.

27.

Les promotions et nominations à notre choix étant la récompense des bons services, les inspecteurs généraux, lors de leurs revues, s'assurent des droits des officiers à notre préférence pour l'avancement, et en font un rapport spécial à notre ministre de la guerre.

Ce rapport contient, pour chaque arrondissement d'inspection, la présentation,

1°. De quatre candidats du grade de lieutenant pour celui de capitaine ;

2°. De deux candidats du grade de capitaine pour celui de chef d'escadron.

3°. D'un candidat du grade de chef d'escadron pour celui de lieutenant-colonel chef de légion.

Les officiers présentés comme candidats doivent avoir plus de quatre ans d'activité dans leur grade et dans la gendarmerie.

Les rapports des inspecteurs généraux sont renouvelés à chaque inspection.

28.

Les officiers de tout grade dans la gendarmerie sont nommés par nous, sur la présentation de notre ministre de la guerre.

Les maréchaux-des-logis, brigadiers et gendarmes, sont nommés par notre ministre de la guerre ; ils sont commissionnés en notre nom.

Etablissement des Rangs entre les Officiers, Sous-officiers et Gendarmes.

29.

Depuis y compris le grade de lieutenant, jusques et y compris celui de chef d'escadron, les officiers du corps de la gendarmerie prennent rang dans leurs grades respectifs d'après les dates de leur nomination dans cette arme, sans qu'ils puissent se prévaloir de leur ancienneté de grade dans la ligne, ni même des grades supérieurs dont ils auraient été précédemment pourvus dans un autre corps.

Les officiers nommés dans la gendarmerie, antérieurement à notre ordonnance du 2 août 1818, qui ont fait partie d'une promotion de la même date, prennent rang entre eux à raison des grades qu'ils ont occupés dans l'armée, et de leur ancienneté de nomination dans ces grades.

Les colonels chefs de légion, et les officiers généraux employés comme inspecteurs généraux de gendarmerie, prennent rang selon leurs grades et l'ancienneté de ces grades.

3o.

Dans chaque compagnie de gendarmerie, les maréchaux-des-logis et brigadiers prennent rang entre eux en raison de l'ancienneté de leur nomination à ces grades dans la gendarmerie, en se conformant aux principes ci-dessus établis pour le classement des rangs des officiers.

Les gendarmes prennent rang entre eux d'après l'ordre de leur nomination à ces emplois, et, à égalité de date, d'après l'ancienneté de leurs services.

Rang de la Gendarmerie dans l'Armée.

31.

Le corps de la gendarmerie prend rang dans l'armée immédiatement après notre garde royale.

Les officiers, sous-officiers et gendarmes, ont le rang du grade immédiatement supérieur; mais ils n'en jouissent, pour le commandement, qu'après les titulaires de ces mêmes grades dans l'armée.

Du Serment.

32.

Les officiers, sous-officiers et gendarmes, à la réception des brevets, commissions ou lettres de service qui sont expédiés par notre ministre de la guerre, prêtent chacun le serment ci-après :

« Je jure et promets de bien et fidèlement servir le Roi, d'obéir à mes chefs » en tout ce qui concerne le service de Sa Majesté; et, dans l'exercice de mes » fonctions, de ne faire usage de la force qui m'est confiée que pour le maintien » de l'ordre et l'exécution des lois. »

Ce serment est reçu par les présidens des tribunaux de première instance étant en séance; il en est dressé acte, dont une expédition, délivrée sans frais, est remise au sous-intendant militaire qui a la police de la compagnie, lequel en fait l'envoi à notre ministre de la guerre.

33.

Lorsque les officiers, sous-officiers ou gendarmes ont à prêter leur serment, s'ils font partie de la lieutenance du chef-lieu de légion, le colonel prévient par écrit le président du tribunal, pour que ces militaires puissent être admis à cette prestation à la plus prochaine séance.

2*

Dans les autres compagnies ou lieutenances, l'officier commandant la gendarmerie du lieu où siége le tribunal prévient par écrit le président.

Les officiers, sous-officiers et gendarmes employés dans la résidence, doivent toujours assister aux prestations de serment, s'ils n'en sont empêchés pour des causes urgentes de service : ils sont en grande tenue.

Récompenses militaires.

34.

Les militaires du corps de la gendarmerie concourent, en raison de leurs bons services, pour les récompenses que nous jugeons convenable d'accorder aux autres corps de l'armée.

Retraites et Admissions dans les Compagnies sédentaires.

35.

Les officiers, sous-officiers et gendarmes qui sont dans le cas d'obtenir la solde de retraite, ont droit à celle du grade supérieur après dix années révolues d'activité dans leur grade et dans la gendarmerie.

36.

Ceux des officiers, sous-officiers et gendarmes qui ne conservent plus l'activité nécessaire pour le service de la gendarmerie, et auxquels la solde de retraite ne peut être accordée pour ancienneté de service, sont susceptibles d'être admis dans les compagnies sédentaires.

37.

Les veuves et enfans des officiers, sous-officiers et gendarmes, ont droit aux pensions qui sont accordées aux veuves et enfans des militaires des autres armes, dans les cas prévus par nos ordonnances.

IIᵉ. PARTIE.

CHAPITRE PREMIER.

Des Rapports de la Gendarmerie avec les différentes Autorités.

Obligation de la Gendarmerie envers nos Ministres.

38.

Le corps de la gendarmerie royale est placé dans les attributions,

Du ministre de la guerre, pour ce qui concerne l'organisation, le personnel, la discipline et le matériel ;

Du ministre de l'intérieur, pour ce qui concerne l'ordre public et les dépenses du casernement ;

Du ministre de la justice, pour ce qui est relatif à l'exercice de la police judiciaire et à l'exécution des mandemens de justice ;

Du ministre de la marine, pour les dispositions relatives à la surveillance des gens de mer et des autres troupes de la marine, ainsi que pour le service des ports et arsenaux.

39.

Les ordres à donner pour les admissions dans le corps, pour les nominations, l'avancement, les lettres de passe, les changemens de résidence, la tenue, la police et la discipline, l'ordre intérieur, la répartition et le mouvement des brigades, la fixation de leur emplacement, l'assiette de leur logement, le paiement de la solde, l'habillement, l'équipement, la remonte, les approvisionnemens en fourrages, l'emploi des masses, l'administration, la vérification des comptabilités, les revues et tournées, les inspections générales et particulières, émanent de notre ministre de la guerre.

40.

La surveillance que la gendarmerie est tenue d'exercer sur les militaires absens de leur corps, est dans les attributions du ministre de la guerre ; il lui est fait, chaque mois, un rapport spécial du service des brigades pour la recherche des déserteurs et la rentrée des militaires sous leurs drapeaux.

41.

Les ordres à donner pour la police, la sûreté de l'État, la tranquillité intérieure, le maintien de l'ordre public, et pour le rassemblement des brigades, en cas de service extraordinaire, émanent de notre ministre de l'intérieur. Il lui est rendu compte du service journalier et habituel de la gendarmerie ; de celui qu'elle fait d'après les réquisitions des autorités, ou en exécution des lois et réglemens d'administration publique ; de toutes les arrestations, des conduites de brigade en brigade, des transféremens de prisonniers, prévenus ou condamnés ; des escortes de deniers royaux, des courriers des malles et des voitures publiques chargées de fonds du Gouvernement ; de la surveillance exercée sur les mendians, vagabonds, gens sans aveu ou repris de justice, ainsi que de toutes les tentatives contre la sûreté des personnes et des propriétés.

42.

Il est rendu compte à notre ministre de la justice, du service des officiers de gendarmerie, lorsqu'ils remplissent les fonctions d'officiers de police auxiliaires.

43.

Notre ministre de la marine reçoit les rapports des arrestations faites par la gendarmerie, des marins et des militaires des troupes de la marine en état de désertion.

Il lui est rendu compte, en outre, de la capture des forçats évadés des bagnes.

44

Les rapports que, d'après les articles précédens, nos ministres de la justice, de la marine et de l'intérieur, doivent recevoir, sont établis par extraits, et forment, suivant l'ordre des attributions, les comptes mensuels du service de chaque compagnie.

Ces comptes mensuels sont régulièrement adressés à ces ministres par les colonels des légions, qui leur transmettent également le tableau sommaire du service annuel des brigades.

Une expédition de ces comptes mensuels et annuels est envoyée à notre ministre de la guerre.

45.

Indépendamment des comptes mensuels à rendre à notre ministre de l'intérieur, il lui est donné connaissance, sur-le-champ, de tous les événemens extraordinaires qui peuvent être de nature à compromettre la tranquillité publique.

Les rapports lui en sont faits, savoir : pour les événemens qui surviennent dans les arrondissemens des chefs-lieux de préfecture, par les commandans des compagnies, et pour ceux qui ont lieu dans chaque sous-préfecture, par le lieutenant de gendarmerie de l'arrondissement.

Ces événemens extraordinaires sont principalement,

Les vols avec effraction commis par des brigands au nombre de plus de deux ;

Les crimes d'incendie et d'assassinat ;

Les attaques des voitures publiques, des courriers, des convois de deniers royaux ou de munitions de guerre ;

L'enlèvement et le pillage des caisses publiques et des magasins militaires ;

Les arrestations d'embaucheurs, d'espions employés à lever le plan des places

et du territoire, ou à se procurer des renseignemens sur la force et les mouvemens des troupes ; la saisie de leur correspondance et de toutes pièces pouvant
donner des indices ou fournir des preuves de crimes et de complots attentatoires
à la sûreté intérieure ou extérieure du royaume ;

Les provocations à la révolte contre le Gouvernement ;

Les attroupemens séditieux ayant pour objet le pillage des convois de grains
ou farines ;

Les émeutes populaires ;

Les découvertes d'ateliers et instrumens servant à fabriquer de la fausse
monnaie, l'arrestation des faux monnayeurs ;

Les assassinats tentés ou consommés sur les fonctionnaires publics ;

Les attroupemens armés ou non armés, qualifiés séditieux par les lois ;

Les distributions d'argent, de vin, de liqueurs enivrantes et autres manœuvres
tendant à favoriser la désertion, ou à empêcher les militaires de rejoindre leurs
drapeaux ;

Les attaques dirigées et exécutées contre la force armée, chargée des escortes
et des transfèremens des prévenus ou condamnés ;

Les rassemblemens, excursions et attaques de brigands réunis et organisés
en bandes, dévastant et pillant les propriétés ;

Les découvertes de dépôts d'armes cachées, de lettres minatoires, de signes
et mots de ralliement, d'écrits, d'affiches et de placards incendiaires provoquant
à la révolte, à la sédition, à l'assassinat et au pillage ;

Et généralement tous les événemens qui exigent des mesures promptes et dé-
cisives, soit pour prévenir le désordre, soit pour le réprimer.

Ces rapports directs sur les faits et événemens de nature extraordinaire ne
dispensent pas d'en faire mention dans les comptes mensuels.

46.

Pour les événemens spécifiés dans l'article précédent, les mêmes rapports sont
faits à notre ministre de la guerre : hors ces cas et à moins d'ordres particuliers,
les colonels de la gendarmerie correspondent seuls avec nos ministres.

47.

Des propositions spéciales de récompenses, de gratifications ou d'indemnités,
peuvent avoir lieu pour des services importans rendus par des militaires du corps
de la gendarmerie, ou pour des pertes qu'ils auraient éprouvées dans l'exercice
de leurs fonctions. Ces propositions, suivant l'ordre des attributions, sont
adressées, soit à notre ministre de la guerre, soit à notre ministre de l'intérieur.

Des devoirs de la Gendarmerie lors de la réunion des Collèges électoraux.

48.

Pendant la durée de la session des collèges électoraux de département et d'arrondissement, légalement convoqués, la gendarmerie est aux ordres des présidens et des vice-présidens pour la police et la sûreté des collèges.

49.

Lors de la convocation des collèges électoraux, notre ministre de l'intérieur fait connaître au commandant de la gendarmerie de chacun des départemens où ces collèges doivent se réunir, les lieux et époques de leur réunion, ainsi que la nomination des présidens et vice-présidens.

50.

Le jour qui précède celui fixé pour l'ouverture de la session d'un collège électoral, l'officier commandant la gendarmerie du lieu où il se réunit se rend en grande tenue au domicile du président, et reçoit ses ordres sur la force et le placement de la gendarmerie qu'il juge convenable d'avoir à sa disposition pour la police du collège qu'il doit présider.

Si le collège électoral est divisé en plusieurs sections, l'officier de gendarmerie se rend ensuite auprès du vice-président de chacune des sections en suivant l'ordre de leurs numéros, et reçoit leurs ordres comme il est dit ci-dessus.

51.

Les détachemens de gendarmerie mis à la disposition des présidens et vice-présidens des collèges électoraux sont en grande tenue ; l'officier qui commande chacun de ces détachemens ne peut s'absenter pendant la durée de la session.

RAPPORTS DE LA GENDARMERIE AVEC LES AUTORITÉS JUDICIAIRES, ADMINISTRATIVES ET MILITAIRES.

SECTION Ire.

Dispositions préliminaires.

52.

L'action des autorités civiles sur la gendarmerie, en ce qui concerne l'emploi de cette force publique, ne peut s'exercer que par des réquisitions. Ces réqui-

sitions ne doivent contenir aucuns termes impératifs, tels que, *ordonnons,
voulons, enjoignons, mandons, etc.*

53.

Les réquisitions sont toujours adressées au commandant de la gendarmerie
du lieu où elles doivent recevoir leur exécution, et, en cas de refus, à l'officier
sous les ordres duquel est immédiatement placé celui qui n'a pas obtempéré à
ces réquisitions.

Elles ne peuvent être données ni exécutées que dans l'arrondissement de celui
qui les donne et de celui qui les exécute.

54.

La main-forte est accordée toutes les fois qu'elle est requise par ceux à qui
la loi ou nos ordonnances donnent le droit de requérir.

55.

Les cas où la gendarmerie peut être requise, sont tous ceux prévus par
les lois et les réglemens, ou spécifiés par les ordres particuliers du service.

56.

Les réquisitions doivent énoncer la loi qui les autorise, le motif, l'ordre, le
jugement ou l'acte administratif en vertu duquel la gendarmerie est requise.

57.

Les autorités civiles peuvent indiquer les mesures d'exécution; mais elles ne
doivent s'immiscer, en aucune manière, dans les opérations militaires dont
la direction appartient au commandant de la gendarmerie.

58.

Les réquisitions sont faites par écrit, signées, datées, et dans la forme ci-après :

DE PAR LE ROI.

Conformément à l'ordonnance sur le service de la gendarmerie, et en vertu d
(*loi, arrêté, réglement*), nous requérons le (*grade et lieu de résidence*) de commander
aire   se transporter   arrêter, etc.

et qu'il nous fasse part (*si c'est un officier*)   et qu'il nous rende compte (*si c'est
un sous-officier*)   de l'exécution de ce qui est par nous requis au nom de Sa Majesté.

    Fait à

59.

Lorsque la gendarmerie est légalement requise pour assister l'autorité dans l'exécution d'un acte ou d'une mesure quelconque, elle ne doit être employée que pour assurer l'effet de la réquisition, et pour faire cesser au besoin les obstacles ou empêchemens.

60.

La gendarmerie ne doit pas être distraite de son service, ni détournée de ses fonctions, pour porter les dépêches des autorités civiles ou militaires. Néanmoins, si des événemens d'un intérêt majeur exigeaient la transmission d'un avis urgent et officiel à l'autorité civile ou militaire, qui ne pourrait en être informée assez promptement par une autre voie, la gendarmerie sera tenue de porter les dépêches ; mais il sera rendu compte de ce déplacement à nos ministres de la guerre et de l'intérieur.

61.

La gendarmerie doit communiquer sur-le-champ aux autorités civiles les renseignemens qu'elle reçoit et qui intéressent l'ordre public. Les autorités civiles lui font les communications et réquisitions qu'elles reconnaissent utiles au bien du service.

62.

Les communications entre les magistrats, les administrateurs et la gendarmerie s'établissent par écrit ; elles sont signées et datées.

63.

Les premiers présidens de nos cours royales, nos procureurs généraux, les préfets et nos procureurs ordinaires, peuvent appeler auprès d'eux le commandant de la gendarmerie du département, toutes les fois qu'ils jugent utile de conférer avec cet officier pour des objets de service.

Si nos cours royales et nos cours d'assises ne siégent pas au chef-lieu du département, nos premiers présidens et nos procureurs généraux et ordinaires ne peuvent appeler auprès d'eux que l'officier commandant la gendarmerie de l'arrondissement.

Les sous-préfets peuvent également appeler auprès d'eux, pour des objets de service, le lieutenant de la gendarmerie en résidence dans le chef-lieu de leur sous-préfecture.

Lorque les officiers de gendarmerie sont dans le cas de consulter les autorités, ils se rendent chez les fonctionnaires compétens.

64.

Les communications, par écrit ou verbales, de la part des autorités civiles, pour un objet de service déterminé, sont toujours faites au commandant de la gendarmerie du lieu ou de l'arrondissement. Ces autorités ne peuvent s'adresser à l'officier supérieur en grade que dans le cas où elles auraient à se plaindre de retard ou de négligence.

65.

Il est rendu compte à nos ministres de la guerre et de l'intérieur des contraventions aux dispositions ci-dessus.

Section II.

Relations de la Gendarmerie avec les Autorités judiciaires.

66.

Les chefs d'escadron et capitaines commandant la gendarmerie des départemens informent sur-le-champ nos procureurs généraux près nos cours royales, de tous les événemens qui sont de nature à donner lieu à des poursuites judiciaires.

Ces officiers, ainsi que les lieutenans, informent également sur-le-champ nos procureurs royaux, et, à défaut, leurs substituts, des événemens de même nature qui surviennent dans le ressort du tribunal près duquel ils exercent leurs fonctions.

Ces officiers ne sont point tenus à faire des rapports négatifs.

67.

Les mandemens de justice peuvent être notifiés aux prévenus et mis à exécution par les gendarmes.

68.

La gendarmerie ne peut être employée à porter des citations que dans le cas d'une nécessité urgente et absolue.

69.

Les détachemens de gendarmerie qui sont requis lors des exécutions des criminels condamnés par nos cours d'assises, ne doivent servir que comme garde de police et main-forte à la justice, uniquement préposée pour maintenir l'ordre, prévenir et empêcher les émeutes, et garantir de trouble dans leurs fonctions les officiers de justice chargés de faire mettre à exécution les jugemens de condamnation.

SECTION III.

Relations de la Gendarmerie avec les Autorités administratives.

70.

Les commandans des compagnies adressent, chaque jour, au préfet, le rapport de tous les événemens qui peuvent intéresser l'ordre public ; ils lui communiquent également les renseignemens que leur fournit la correspondance des brigades, lorsque ces renseignemens ont pour objet le maintien de l'ordre, et qu'ils peuvent donner lieu à des mesures de précaution ou de répression.

Les commandans des compagnies donnent pareillement connaissance aux commissaires généraux de police, de tout ce qui peut intéresser l'ordre public.

Les mêmes rapports et communications sont adressés aux sous-préfets par les lieutenans de gendarmerie.

71.

Les lieutenans de gendarmerie adressent en outre, tous les cinq jours, aux sous-préfets, un tableau contenant une simple indication de tous les délits et de toutes les arrestations dont la connaissance leur est parvenue par les rapports des brigades.

Ce tableau, en ce qui concerne l'arrondissement du chef-lieu de chaque département, est remis au préfet par le commandant de la compagnie.

72.

Les commandans de compagnie et les lieutenans de gendarmerie ne sont pas tenus à fournir des rapports ou tableaux négatifs, lorsque la correspondance des brigades ne donne lieu à aucune communication.

73.

Si les rapports du service font craindre quelque émeute populaire ou attroupement séditieux, les préfets, après s'être concertés avec l'officier général commandant le département, s'il est présent, et avec l'officier le plus élevé en grade de la gendarmerie en résidence au chef-lieu du département, peuvent ordonner la réunion, sur le point menacé, du nombre de brigades nécessaire au rétablissement de l'ordre.

Il en est rendu compte sur-le-champ à notre ministre de l'intérieur par le préfet, et par l'officier général à notre ministre de la guerre.

74.

Dans des cas urgens, les sous-préfets peuvent requérir, du lieutenant commandant la gendarmerie de l'arrondissement, le rassemblement de plusieurs brigades, à la charge d'en informer sur-le-champ le préfet du département, qui, pour les mesures ultérieures, se concerte avec l'officier général et le chef de la gendarmerie, comme il est dit en l'article précédent.

75.

Néanmoins, si des brigands attroupés et organisés en bandes apparaissent sur quelque point, les officiers de gendarmerie devront aussitôt se mettre à leur poursuite : ils pourront réunir des gendarmes de plusieurs brigades, et ils en rendront compte aux autorités civiles et militaires du département.

76.

Dans le cas où des brigades, poursuivant de près des voleurs ou assassins, parviendraient aux extrémités du département sans les avoir arrêtés, elles se porteront sur le territoire du département limitrophe pour les atteindre, s'il est possible, ou prévenir les brigades les plus rapprochées de la direction qu'ils auraient prise.

Il en sera rendu compte sur-le-champ aux préfets des départemens respectifs, ainsi qu'aux commandans militaires de ces départemens.

Section IV.

Des Rapports de la Gendarmerie avec la Troupe de ligne et la Garde nationale.

77.

Les officiers de gendarmerie sont subordonnés aux généraux commandant les divisions militaires et les départemens ; ceux qui résident dans les places où il y a état-major, sont aussi subordonnés aux lieutenans de roi pour l'ordre établi dans ces places.

Ces généraux et les lieutenans de roi reçoivent, dans les cinq premiers jours de chaque mois, les états de situation numérique de la gendarmerie comprise dans l'arrondissement de leur commandement. Ces états sont adressés, savoir : aux généraux commandant les subdivisions militaires ou les départemens, par les commandans des compagnies; et aux lieutenans de roi, par l'officier ou sous-officier commandant la gendarmerie dans la place.

Les colonels des légions sont tenus d'informer les lieutenans généraux commandant les divisions militaires des mutations qui surviennent parmi les officiers de tout grade de la gendarmerie employée dans ces divisions.

78.

La subordination de service s'établit ainsi qu'il suit :

1°. Dans l'état de paix, les officiers de gendarmerie sont subordonnés aux lieutenans de roi pour les objets qui concernent le service particulier des places, sans néanmoins être tenus de rendre aucun compte du service spécial de la gendarmerie, ni de l'exécution d'ordres autres que ceux qui seraient relatifs au service particulier des places et à leur sûreté.

2°. Dans l'état de guerre, les officiers de gendarmerie des arrondissemens militaires et des places de guerre dépendent, dans l'exercice de leurs fonctions habituelles, des lieutenans généraux et maréchaux-de-camp; et ils sont tenus, en outre, de se conformer aux mesures d'ordre et de police qui intéressent la sûreté des places et postes militaires.

3°. Dans l'état de siége, toute l'autorité résidant dans les mains du commandant militaire, elle est exercée par lui sur la gendarmerie comme sur les autres troupes.

79.

La gendarmerie ayant des fonctions essentiellement distinctes du service purement militaire des troupes en garnison, l'état de siége excepté, elle ne peut être regardée comme portion de la garnison des places dans lesquelles elle est répartie. En conséquence, les généraux et commandans militaires ne passent point de revue de la gendarmerie, ne l'appellent point à la parade, et ne peuvent la réunir pour des objets étrangers à ses fonctions.

80.

Dans les places et villes de garnison, le mot d'ordre est envoyé au commandant de la gendarmerie, en suivant le mode prescrit par l'article 29, titre XIII de l'ordonnance de 1768 sur le service des places (1).

---

(1) *Art. 29, titre XIII de l'ordonnance de 1768.*

Le major de la place enverra l'ordre et le mot à l'ingénieur en chef ou commandant de l'artillerie et au commissaire des guerres, par un des sergens de la garnison, lesquels le leur porteront chacun à leur tour.

81.

Dans les places de guerre, les commandans de la gendarmerie sont autorisés, pour les cas urgens et extraordinaires, et lorsque les dispositions du service l'exigent, à demander l'ouverture des portes, tant pour leur sortie que pour leur rentrée. Ils s'adressent, à cet effet, aux lieutenans de roi.

Les demandes sont toujours faites par écrit, signées, datées, et dans la forme ci-après :

SERVICE EXTRAORDINAIRE DE LA GENDARMERIE.

BRIGADE D. . . . .

En exécution (de l'ordre *ou* de la réquisition) qui nous a été donné par *(indiquer ici l'autorité)*, nous. . . . . commandant la brigade d. . . . . demandons que la porte d. . . . . . nous soit ouverte à . . . heure, pour notre service, avec . . . gendarmes de la brigade sous nos ordres, et qu'elle nous soit pareillement ouverte pour notre rentrée.

Fait à . . . . le . . . .

Les lieutenans de roi sont tenus, sous leur responsabilité, de déférer à ces réquisitions.

82.

Les colonels de la gendarmerie informent les lieutenans généraux commandant les divisions militaires des événemens extraordinaires qui peuvent donner lieu, de la part de ces généraux, à des dispositions particulières de service.

Ces événemens sont,

Les émeutes populaires et attroupemens armés ou non armés, qualifiés séditieux par la loi;

Les attaques dirigées ou exécutées contre la force armée;

Les excursions et attaques de brigands réunis en bandes;

Les arrestations de provocateurs à la désertion, d'embaucheurs ou d'espions employés à lever le plan des places ou à se procurer des renseignemens sur la force ou le mouvement des troupes;

Les découvertes de dépôts d'armes et de munitions de guerre;

Les attaques de convois et de munitions de guerre;

Le pillage des magasins militaires;

Tous délits ou crimes commis par des militaires, ou dont ils seraient soupçonnés d'être les auteurs ou complices;

Les rixes des militaires entre eux ou avec des individus non militaires, les insultes et voies de fait de la part des militaires envers les citoyens.

Les mêmes rapports sont faits aux généraux commandant les subdivisions militaires ou les départemens par les chefs des compagnies, qui sont, en outre, tenus de leur adresser journellement l'état des arrestations militaires dont la connaissance leur est parvenue par la correspondance des brigades.

83.

Les lieutenans de la gendarmerie en résidence dans les places où il y a état-major, font connaître au lieutenant de roi les événemens qui peuvent compromettre la tranquillité ou la sûreté de la place.

84.

Dans les cas prévus par l'article 73, si le rétablissement de l'ordre ne peut être assuré qu'en déployant une plus grande force sur les points menacés, les lieutenans généraux et maréchaux-de-camp commandant les divisions et subdivisions militaires, indépendamment de l'emploi des troupes de ligne disponibles, ordonnent, sur la réquisition des préfets, la formation des détachemens de gendarmerie qu'exigent les besoins du service.

Ces détachemens peuvent être composés d'hommes extraits des compagnies environnantes et faisant partie de la division militaire ; mais, à moins d'ordres formels du ministre de la guerre, concertés avec le ministre de l'intérieur, les lieutenans généraux et les maréchaux-de-camp ne peuvent rassembler la totalité des brigades d'une compagnie pour les porter d'un département dans un autre.

Ils préviennent de ces mouvemens les préfets des départemens respectifs.

85.

Les ordres que, dans les cas ci-dessus spécifiés, les généraux commandant les divisions militaires ou les départemens ont à donner aux officiers de gendarmerie, leur sont adressés directement par écrit.

86.

Toutes les fois qu'un ordre adressé par ces généraux à un officier de gendarmerie paraît à celui-ci de nature à compromettre le service auquel ses subordonnés sont spécialement affectés, il est autorisé à faire des représentations motivées. Si le général croit devoir maintenir son ordre, l'officier de la gendarmerie est tenu de l'exécuter ; mais il en est rendu compte à notre ministre de la guerre.

87.

Les commandans de la gendarmerie sont tenus de rendre compte aux généraux des fautes graves contre la discipline qui les auraient mis dans le cas d'infliger à leurs subordonnés les arrêts forcés ou la prison.

88.

Lors de l'exécution des jugemens des tribunaux militaires, soit dans les divisions, soit dans les camps ou dans les armées, la gendarmerie, s'il y en a, ne peut être commandée que pour veiller au maintien de l'ordre.

Un détachement de nos troupes de ligne est toujours chargé de conduire les condamnés au lieu de l'exécution ; et si la peine que doivent subir ces condamnés n'est pas capitale, ils sont, après que le jugement a reçu son effet, remis à la gendarmerie, qui requiert qu'une portion du détachement lui prête main-forte, pour assurer le transférement et la réintégration des condamnés dans la prison militaire.

89.

Les commandans des corps de ligne ou de la garde nationale ne peuvent s'immiscer en aucune manière dans le service de la gendarmerie.

90.

Si les officiers de gendarmerie reconnaissent qu'une force supplétive leur soit nécessaire pour dissoudre un rassemblement séditieux, réprimer des délits, transférer un nombre trop considérable de prisonniers, enfin pour assurer l'exécution des réquisitions de l'autorité civile, ils en préviennent sur-le-champ les préfets ou les sous - préfets, lesquels requièrent, soit le commandant du département, soit le lieutenant de roi, de faire appuyer l'action de la gendarmerie par un nombre suffisant de troupes de ligne placées sous ses ordres.

Les demandes des officiers de la gendarmerie contiennent l'extrait de l'ordre ou de la réquisition, et les motifs pour lesquels la main-forte est réclamée.

91.

Lorsqu'un détachement des troupes de ligne est employé conjointement avec la gendarmerie, le commandement appartient, à grade égal, à l'officier de gendarmerie.

Si le chef du détachement est d'un grade supérieur à celui dont l'officier de gendarmerie est titulaire, il prend le commandement ; mais il est obligé de se conformer aux réquisitions qui lui sont faites, par écrit, par l'officier de gendarmerie, lequel demeure responsable de l'exécution de son mandat, lorsque l'officier auxiliaire s'est conformé à la réquisition.

92.

A défaut ou en cas d'insuffisance de la troupe de ligne, les commandans de la gendarmerie requièrent main-forte de la garde nationale : à cet effet, ils s'adressent aux autorités locales.

93.

Les détachemens de la garde nationale *requis* sont toujours aux ordres du commandant de la gendarmerie qui fait la réquisition.

SECTION V.

Règles générales.

94.

En plaçant la gendarmerie royale auprès des diverses autorités pour assurer l'exécution des lois et de nos ordonnances, notre intention est que ces autorités, dans leurs relations et dans leur correspondance avec la gendarmerie, s'abstiennent de formes et d'expressions qui s'écarteraient des règles et des principes posés dans les articles ci-dessus, et qu'elles ne puissent, dans aucun cas, prétendre exercer un pouvoir exclusif sur cette troupe, ni s'immiscer dans les détails intérieurs de son service.

Nous voulons également que les militaires de tout grade de la gendarmerie demeurent constamment dans la ligne de leurs obligations envers lesdites autorités, et observent toujours, dans leurs rapports avec elles, les égards et la déférence qui leur sont dus.

Honneurs à rendre par la Gendarmerie.

95.

Lors de nos voyages dans les départemens, les détachemens de gendarmerie sont placés sur la route que nous devons parcourir, pour faire partie de nos escortes ; les colonels des légions reçoivent à cet égard des ordres particuliers.

Il en est de même lors des voyages des princes de notre famille.

96.

Quand nos ministres se rendent dans les départemens, et que leur voyage est annoncé, chaque commandant de la gendarmerie, en résidence dans les communes situées sur la route, se trouve au relais des postes pour recevoir leurs ordres. A l'arrivée de nos ministres au lieu de leur mission, l'officier commandant la gendarmerie du département, ou de l'arrondissement, si ce n'est pas un chef-lieu, se porte à leur rencontre, à deux kilomètres de la place, avec cinq brigades, pour les escorter jusqu'au logement qui leur est préparé, et où doit se rendre le colonel de la légion. Il leur est fourni un gendarme de planton.

Les mêmes honneurs sont rendus à nos ministres pour leur retour.

97.

Lorsque les maréchaux de France, gouverneurs des divisions militaires, se rendent pour la première fois dans leur gouvernement, le commandant de la gendarmerie du département se porte à leur rencontre, à un kilomètre de la place, avec cinq brigades, et les escorte jusqu'à l'hôtel du Gouvernement, où doit se trouver le colonel de la légion, s'il réside sur ce point.

Ces honneurs leur sont également rendus à leur départ.

Les maréchaux de France qui sont envoyés en mission pour notre service, reçoivent ces mêmes honneurs à leur arrivée au lieu de leur destination, ainsi qu'à leur départ.

98.

Lors de la première entrée des lieutenans généraux dans les chefs-lieux des divisions militaires pour le commandement desquelles ils ont des lettres de service, s'ils ont la qualité de gouverneur, les commandans de la gendarmerie vont à leur rencontre, à un kilomètre de la place, avec quatre brigades, et les escortent jusqu'à l'hôtel du Gouvernement ; si ces lieutenans généraux ne sont pas gouverneurs, les commandans de la gendarmerie se portent à leur rencontre avec trois brigades seulement, et les escortent jusqu'à leur logement.

99.

Les inspecteurs généraux de la gendarmerie, pendant le temps de leurs revues, reçoivent chacun, suivant son grade, et dans l'arrondissement d'inspection qui lui est assigné, les mêmes honneurs militaires qui sont accordés par les réglemens aux lieutenans généraux et maréchaux-de-camp.

4*

100.

Lors de la première entrée des maréchaux-de-camp commandant les départemens, les commandans de la gendarmerie vont à leur rencontre, à un kilomètre de la place, avec deux brigades, et les escortent jusqu'à leur logement.

101.

Lors de la première entrée des préfets dans le chef-lieu de leur département, les commandans de la gendarmerie vont à leur rencontre, à un kilomètre de la ville, avec deux brigades, et les escortent jusqu'à l'hôtel de la préfecture.

102.

Lorsque les préfets font des tournées dans les départemens, la gendarmerie des lieux où ils passent, exécute ou fait exécuter ce qui lui est demandé par ces préfets pour la sûreté de leurs opérations et le maintien du bon ordre. En conséquence, les lieutenans et commandans de brigade qui auront été prévenus de l'arrivée des préfets, seront tenus de se trouver au logement qui leur sera destiné, pour savoir si le service de la gendarmerie leur est nécessaire.

103.

La gendarmerie, pour les honneurs à rendre, est toujours en grande tenue.

Cérémonies publiques, Préséance.

104.

Lorsque la gendarmerie accompagne le Saint-Sacrement aux processions de la Fête-Dieu, elle est en grande tenue et en armes : deux sous-officiers ou gendarmes suivent immédiatement le dais, se plaçant sur les deux côtés ; le surplus du détachement marche entre les fonctionnaires publics et les assistans.

105.

Dans les fêtes et cérémonies publiques, lorsqu'à défaut d'autres troupes la gendarmerie est dans le cas de fournir des gardes d'honneur, les diverses autorités se concertent avec l'officier de gendarmerie de la résidence pour les escortes à donner ; elles ne peuvent être prises que dans la résidence même.

106.

Dans ces fêtes et cérémonies, les colonels de la gendarmerie prennent rang, suivant leur grade, avec les officiers appartenant aux états-majors des divisions militaires.

Le chef d'escadron ou capitaine commandant la gendarmerie prend rang, suivant son grade, dans le corps des officiers de toutes armes attachés au département ;

Les lieutenans avec l'état-major de la place.

Obligations personnelles et respectives.

107.

Toutes les fois qu'un officier de gendarmerie prend possession de son emploi, il fait, dans les vingt-quatre heures de sa réception, sa visite, en grande tenue, aux fonctionnaires civils et militaires du lieu de sa résidence qui sont dénommés avant lui dans l'ordre des préséances.

Dans les places de guerre, les lieutenans de roi, quel que soit leur grade, sont compris dans le nombre des fonctionnaires militaires auxquels il est dû une première visite.

Les officiers de gendarmerie reçoivent les visites des fonctionnaires classés après eux dans l'ordre des préséances, et les rendent dans les vingt-quatre heures.

108.

Il est expressément défendu à la gendarmerie de rendre d'autres honneurs que ceux ci-dessus déterminés, et dans les cas qui y sont spécifiés, ni de fournir des escortes personnelles, sous quelque prétexte que ce puisse être.

CHAPITRE II.

Du Service.

Attributions et Fonctions des Inspecteurs généraux.

109.

Les inspecteurs généraux de la gendarmerie royale ont pour attribution spéciale de faire annuellement l'inspection des légions de gendarmerie dans les arrondissemens qui leur sont assignés : ils reçoivent, à cet effet, des instructions du ministre de la guerre. Cette inspection a lieu, par lieutenance, dans le chef-lieu ou sur le point le plus central des brigades de l'arrondissement.

L'officier commandant la compagnie est tenu d'assister à ces inspections.

110.

Les inspecteurs généraux préviennent des époques de leur inspection les gouverneurs généraux ayant des lettres de service, les lieutenans généraux et maréchaux-de-camp commandant les divisions et subdivisions militaires, ainsi que les préfets des départemens dans lesquels ils se rendent ; ils donnent un semblable avis aux intendans ou commissaires généraux de la marine, pour ce qui concerne les compagnies maritimes.

Ils informent également les intendans militaires du jour de la convocation du conseil d'administration de chaque compagnie, afin que le sous-intendant qui en a la police administrative puisse être présent aux vérifications et arrêtés de comptabilités.

Ils adressent aussi leur itinéraire à chaque colonel de légion, en indiquant les époques et les lieux de réunion des brigades.

111.

Les inspections ont essentiellement pour objet de constater la situation réelle du corps, au personnel et au matériel, et de vérifier si le service se fait avec exactitude, et si l'administration présente dans toutes ses parties l'ordre et la régularité convenables.

112.

Les inspecteurs généraux prennent des informations près les différentes autorités civiles et militaires sur la conduite et la manière de servir des officiers et sous-officiers et gendarmes.

Pour se former une opinion indépendante des rapports qu'ils reçoivent, ou des notes inscrites au registre de discipline, et pour connaître le degré d'instruction de ces militaires, ils les interrogent sur leurs fonctions et les devoirs de leur état : s'ils croient devoir prendre des renseignemens plus détaillés sur leur compte, ils leur donnent l'ordre de se rendre chez eux après la revue, pour les entendre séparément, et rectifier, s'il y a lieu, les notes portées au registre de discipline.

Ils se font présenter particulièrement les hommes admis depuis la dernière inspection ; ils examinent avec le plus grand soin s'ils réunissent l'ensemble des conditions prescrites pour le service de la gendarmerie. Ils se font rendre compte des raisons qui auraient empêché des officiers, sous-officiers et gendarmes de paraître à la revue. Si c'est pour cause de maladie, ils exigent des certificats des officiers de santé, et prennent les informations nécessaires pour s'assurer si les hommes seront susceptibles de continuer leur activité.

113.

Les inspecteurs généraux portent leur attention spéciale sur l'instruction militaire du corps, et donnent les ordres propres à diriger cette instruction et en assurer les progrès, sous le double rapport des exercices militaires et des fonctions de l'arme.

114.

Ils procèdent à l'inspection de l'habillement, de l'équipement et du harnachement; ils voient si les fournitures sont conformes aux échantillons, si elles sont de bonne qualité, et si tous les effets sont confectionnés avec soin et d'après les modèles.

Ils se font représenter les livrets des gendarmes, et vérifient si les prix des fournitures qui y sont portées n'excèdent pas ceux fixés par les réglemens. Dans le cas où ils remarqueraient que ces fournitures ne sont pas d'une bonne qualité, ou que les effets ont été mal confectionnés, ils devront entendre les conseils d'administration, et proposer, s'il y a lieu, les remplacemens à la charge de ces conseils, soit pour défaut de surveillance, soit pour cause d'incurie.

Les inspecteurs généraux examinent si les armes sont en bon état et bien entretenues; ils autorisent les demandes en remplacement, et ordonnent les réparations au compte des sous-officiers et gendarmes, si les dégradations proviennent de leur fait.

Enfin ils prescrivent des mesures pour que la tenue militaire soit rigoureusement observée dans tous les points, et ils rendent les officiers particulièrement responsables de toute infraction aux règles établies pour ce qui est relatif à l'uniforme.

115.

Les inspecteurs généraux vérifient avec le plus grand soin si les chevaux sont bons, bien nourris et entretenus, et s'ils conviennent à l'arme; ils s'assurent s'ils n'ont point été changés sans permission dans l'intervalle des revues, et si leurs signalemens, les dates et prix d'acquisition sont exactement portés sur les contrôles.

Ils déterminent les époques de remplacement des chevaux susceptibles de réforme, et passent ensuite à l'examen des chevaux reçus depuis la dernière revue, afin de voir s'ils sont d'un bon choix, et si le prix d'acquisition n'excède pas leur valeur réelle.

116.

Ils se font rendre compte si les approvisionnemens de fourrages sont assurés, s'ils ont été faits en temps opportun, dans les quantités déterminées, et s'ils sont de bonne qualité.

117.

La situation du casernement doit aussi fixer l'attention particulière des inspecteurs généraux; ils descendent dans tous les détails propres à leur faire connaître si les casernes ou maisons qui en tiennent lieu sont convenables sous tous les rapports, et ils se concertent avec les préfets pour toutes les améliorations dont cette partie du service leur paraît susceptible.

118.

Lors de l'inspection des brigades, les inspecteurs généraux reçoivent les réclamations des officiers, sous-officiers et gendarmes; ils prennent note de celles qu'ils jugent fondées, pour qu'il y soit fait droit.

119.

Aussitôt après l'inspection de chaque compagnie, les inspecteurs généraux, en présence du sous-intendant militaire, vérifient la comptabilité, ainsi que les comptes individuels des sous-officiers et gendarmes; ils examinent si les registres sont bien tenus; ils constatent la situation de la caisse et celle des différentes masses.

Ils autorisent, sur la proposition des conseils d'administration et d'après l'avis des colonels, les répartitions de fonds de la masse de secours, à titre d'indemnité, en faveur des sous-officiers et gendarmes, et ils approuvent en même temps les allocations extraordinaires qui auraient été faites sur cette masse depuis la dernière inspection, après avoir vérifié si elles ont été accordées pour des motifs urgens.

Ces différentes opérations sont consignées dans un procès-verbal, qui est inscrit au registre des délibérations du conseil : il en est adressé une copie au ministre de la guerre.

120.

Les inspecteurs généraux établissent aux chefs-lieux des légions les contrôles de leurs revues; ils font connaître aux colonels les abus qu'ils ont remarqués, et les ordres qu'ils ont donnés pour leur répression.

Ils font dresser des mémoires de proposition pour les officiers, sous-officiers et gendarmes qui sont susceptibles d'être admis à la retraite ou dans les compagnies sédentaires; ils forment des états particuliers des hommes qui doivent être congédiés, et de ceux auxquels il convient d'assigner d'autres résidences.

Immédiatement après l'inspection de chaque légion, ils envoient leur travail à notre ministre de la guerre.

121.

A moins d'un ordre formel de notre ministre de la guerre, les inspecteurs généraux ne peuvent prendre le commandement ou la direction du service, leurs fonctions étant essentiellement restreintes à l'inspection de la troupe.

122.

Les inspecteurs généraux de la gendarmerie qui ont reçu des lettres de service pour faire partie du comité consultatif de cette arme, créé par notre ordonnance du 31 mars dernier, n'ont à s'occuper que de l'examen et de la discussion des projets, propositions, affaires générales et particulières dont le renvoi est fait à ce comité par notre ministre de la guerre.

FONCTIONS DES OFFICIERS DE TOUT GRADE.

SECTION Ire.

Des Colonels

123.

Les colonels de la gendarmerie royale surveillent l'ensemble du service, de l'administration et de la comptabilité de leur légion,

124.

Ils ne s'occupent point des détails du service, qui doit être réglé par le commandant de chaque compagnie; cependant, s'ils s'aperçoivent de quelques négligences et inexactitudes ou s'ils reçoivent des plaintes, ils se font rendre compte de la situation du service, réforment les abus qui s'y sont introduits, et donnent tous les ordres et instructions propres à assurer aux brigades une meilleure direction.

125.

Les colonels de la gendarmerie font une revue annuelle des brigades de leur légion par lieutenance; cette revue commence en avril. Tous les ans ils changent les points de réunion des brigades, afin de pouvoir visiter successi-

5

vement, et autant que possible, chaque brigade dans le lieu de sa résidence ordinaire.

126.

Avant d'ordonner aucun mouvement, ils informent les gouverneurs généraux, les lieutenans généraux et les maréchaux-de-camp commandant les divisions et subdivisions militaires, ainsi que les préfets des départemens dans lesquels ils se rendent, des époques de la revue de chaque compagnie et des lieux de rassemblement des brigades. Ils en informent également les intendans ou commissaires généraux de la marine pour ce qui concerne les compagnies maritimes, et ils préviennent les sous-intendans militaires des jours où ils seront rendus au chef-lieu de chaque compagnie pour vérifier tous les détails de l'administration et des comptabilités.

127.

Lors des revues, les colonels s'informent près les différentes autorités si le service se fait avec exactitude, si les militaires de tout grade font preuve de zèle et de dévouement, et s'ils tiennent dans leur résidence une conduite exempte de reproche.

Ils font avec le plus grand soin l'inspection des hommes, s'assurent s'ils connaissent les devoirs de leur état, et s'ils ont l'instruction nécessaire pour les bien remplir. Ils examinent si les chevaux sont bien nourris et en bon état, et si ceux admis en remplacement dans l'année sont d'un bon choix et réunissent les qualités exigées. Ils examinent aussi l'état de l'habillement, de l'équipement et de l'armement ; ils voient si le tout est complet, uniforme et bien entretenu, et si l'on a fait les réparations et remplacemens que l'inspecteur général a pu ordonner à sa revue d'inspection.

Ils profitent de la réunion des brigades pour leur recommander l'observation des devoirs que leurs fonctions leur imposent, le zèle le plus actif pour le service et la pratique de tout ce qui est prescrit au chapitre *de la Police*, *Discipline et Ordre intérieur* ; ils donnent des éloges à ceux qui se sont distingués par leur conduite et leur bon service, et ils en font une mention particulière sur le contrôle de revue.

Les colonels réprimandent les hommes qui ont donné lieu à des plaintes fondées, et prononcent sur-le-champ les punitions que les officiers, sous-officiers et gendarmes auraient encourues.

128.

Les approvisionnemens de fourrages sont encore l'objet de l'examen des colonels. Ces officiers supérieurs se font représenter les marchés passés par les brigades, et entrent dans tous les détails nécessaires pour connaître si les dispositions des réglemens sur cette partie du service sont strictement observées.

129.

Ils se font rendre compte de l'état du casernement : les réparations et améliorations qu'ils jugent indispensables, motivent, de leur part, des observations aux autorités administratives, auxquelles ils indiquent aussi les moyens de pourvoir au casernement des brigades dont les hommes seraient logés isolément.

Ces observations sont consignées dans le rapport que le colonel remet à l'inspecteur général sur la situation de la légion.

130.

Ils s'assurent de l'instruction militaire des brigades ; ils donnent des ordres pour que les hommes qui ne seraient pas suffisamment instruits, soient exercés dans leur résidence aussi fréquemment que le service peut le permettre.

131.

Les colonels inscrivent sur des registres particuliers,

L'extrait des lettres et des ordres qu'ils reçoivent, ainsi que les minutes des lettres et des ordres qu'ils adressent pour tout ce qui concerne le service ;

Les bonnes et mauvaises notes qu'ils recueillent sur leurs subordonnés de tout grade.

Les punitions qu'ils sont dans le cas d'infliger, et les motifs de ces punitions.

Ces lettres, ordres et minutes de correspondance sont classés par ordre numérique.

Lorsqu'un colonel quitte le commandement d'une légion, ces pièces et les registres, dont il est fait inventaire, sont toujours remis à l'officier qui le remplace.

SECTION II.

Des Chefs d'escadron et Capitaines commandant les Compagnies.

132.

Les chefs d'escadrons et les capitaines commandant les compagnies de la gendarmerie royale sont spécialement chargés de la direction et des détails du service dont ils surveillent l'exécution ; ils entretiennent, à cet effet, une correspondance directe avec les autorités.

133.

Ils font deux tournées par an pour l'inspection de leurs brigades : l'une commence en février ; l'autre a lieu en septembre.

Ils vérifient, avec le plus grand soin, si les sous-officiers et gendarmes font exactement leur service ; s'ils vivent en bonne police et discipline dans leur résidence, et n'y contractent point de dettes qui occasionneraient des réclamations ; si, dans leurs courses, ils se comportent avec décence et honnêteté ; s'ils ne donnent pas lieu à quelques plaintes par des vexations, violences, abus de pouvoir ou excès commis sous prétexte de leurs fonctions.

Ils s'assurent également si les brigades prêtent main-forte dans les cas prévus par la présente ordonnance ; si l'on se conforme aux règles qui y sont établies pour les réquisitions ; s'il n'y aurait point de prétentions, d'exigence ou d'opposition de la part des diverses autorités ou des lieutenans et commandans de brigade ; si les gendarmes ne seraient point employés à des services qui leur sont étrangers, ou s'ils ne se refuseraient pas à ceux qu'on est en droit d'exiger d'eux.

Les plaintes et les réclamations adressées à ce sujet sont vérifiées par les chefs d'escadron et capitaines, qui font des réprimandes ou infligent des punitions, s'il y a lieu, à leurs subordonnés, et en rendent compte aux colonels.

134.

Les chefs d'escadron et capitaines visitent les casernes, et voient si elles sont tenues dans le meilleur état de propreté, s'il ne s'y commet point de dégradations, et si le logement de chaque homme est convenable ; ils voient les chevaux aux écuries, s'assurent s'ils sont bien nourris, régulièrement pansés et ferrés ; enfin ils examinent l'état de l'habillement, de l'équipement et de l'armement, ordonnent les réparations à y faire, et prennent des notes sur tous ces objets pour les comprendre dans le rapport qu'ils doivent adresser au colonel de la légion sur l'ensemble de leur tournée.

135.

Les chefs d'escadron et capitaines s'informent si la solde parvient régulièrement aux brigades, si elle n'éprouve point de retard, et si chaque homme reçoit exactement ce qui lui revient, et n'a pas de réclamations à faire.

136.

Ils se font représenter, par les commandans de brigade, les divers registres ou journaux qui servent à constater l'exécution de tous les services ordinaires et extraordinaires ; ils réprimandent et punissent les sous-officiers qui ne tiennent pas ces registres avec exactitude.

Ils voient si les registres que doivent avoir les lieutenans, sont tenus avec ordre et méthode.

137.

Les chefs d'escadron et capitaines doivent avoir dans leur bureau particulier, des registres pour l'inscription,

Des ordres qu'ils donnent ou transmettent concernant le service ;

De leur correspondance avec les différentes autorités ;

Des rapports et renseignemens qu'ils reçoivent sur tous les objets qui peuvent intéresser l'ordre public.

Les lettres, ordres et minutes de correspondance sont classés par ordre numérique.

En cas de changement du commandant d'une compagnie, les pièces et les registres, dont il est fait inventaire, sont toujours remis par cet officier à celui qui le remplace.

SECTION III.

Des Lieutenans.

138.

Les lieutenans de la gendarmerie royale ont la surveillance de tous les devoirs habituels des brigades ; ils entretiennent une correspondance suivie avec le commandant de la compagnie, auquel ils font connaître les obstacles qui pourraient se rencontrer dans l'exécution du service.

S'il survient quelque événement extraordinaire dans l'arrondissement de leur lieutenance, ils se transportent sur les lieux, en rendent compte au commandant de la compagnie ; et si les événemens sont de nature à nécessiter de promptes mesures, ils l'informent des dispositions qu'ils ont faites en attendant des ordres.

139.

Les lieutenans font annuellement six tournées pour la revue de leurs brigades, savoir : dans les mois de janvier, mars, mai, juillet, septembre et novembre.

140.

Dans leurs tournées, les lieutenans s'informent si le service est fait sur tous les points avec exactitude et activité, si les brigades visitent au moins deux fois par mois toutes les communes de leur arrondissement, si elles surveillent les vagabonds et repris de justice qui pourraient s'y trouver, et si elles recherchent les déserteurs et tous autres individus signalés.

141.

Les tournées des lieutenans ne peuvent être un motif ni un prétexte d'interrompre ou de retarder l'exécution du service : les commandans de brigade, nonobstant l'avis donné par les lieutenans de leur arrivée pour la revue, n'en doivent pas moins déférer aux réquisitions qui leur sont faites, et envoyer aux correspondances les hommes qu'ils sont tenus d'y fournir.

Dans l'intervalle des tournées, les lieutenans doivent se porter sur les divers lieux où les brigades correspondent entre elles, afin de connaître si elles font avec ponctualité le service de correspondance et si les gendarmes sont dans une bonne tenue.

142.

Ils font l'inspection des casernes et des chevaux, s'assurent de la qualité des fourrages, et examinent dans le plus grand détail l'habillement, l'équipement et le harnachement; ils rendent compte au commandant de la compagnie, des abus qu'ils auraient découverts et des ordres qu'ils ont donnés pour les réprimer.

143.

Les lieutenans inscrivent sur des registres particuliers,

Les ordres qu'ils donnent ou transmettent concernant le service;

L'extrait des rapports et procès-verbaux qu'ils reçoivent des brigades;

Les renseignemens qui leur sont donnés sur tous les objets susceptibles d'intéresser l'ordre public.

Les ordres et les pièces de correspondance sont classés par ordre numérique.

En cas de changement d'un lieutenant, les pièces et les registres sont remis, sur inventaire, à l'officier qui le remplace.

Section IV.

Des Trésoriers.

144.

Les trésoriers de la gendarmerie royale remplissent les fonctions de secrétaire près des conseils d'administration : ils suivent, sous la direction et la surveillance de ces conseils, tous les détails de la comptabilité.

145.

Ils sont spécialement chargés d'établir les contrôles de revues et de tenir les registres-matricules des compagnies, sur lesquels ils inscrivent les services de chaque homme et les mutations. Ils ne procèdent à l'inscription des services que sur la présentation d'actes civils réguliers et de brevets ou titres originaux.

Les conseils d'administration et les sous-intendans militaires veillent à ce que cette obligation soit ponctuellement remplie : les sous-intendans signent et paraphent chaque feuillet du registre-matricule.

146.

Les trésoriers tiennent un registre analytique des procès-verbaux que reçoit le commandant de la compagnie : ces procès-verbaux sont classés par ordre de dates, et déposés dans les archives, afin qu'on puisse y recourir au besoin.

147.

Ils ne s'occupent point des détails du service, à moins qu'ils ne se trouvent les seuls officiers présens à la résidence.

SECTION V.

Des Officiers de gendarmerie considérés comme Officiers de police auxiliaires.

148.

Les officiers de la gendarmerie royale, en leur qualité d'officiers de police auxiliaires, se transportent dans les lieux où ils exercent leurs fonctions habituelles, pour recevoir les plaintes et les dénonciations, constater les délits et les crimes, et recueillir toutes les preuves qui pourraient en faire connaître les auteurs ; mais, pour se renfermer exactement dans le cercle de leurs attributions et les dispositions précises de la loi, ils doivent bien se pénétrer des caractères qui distinguent les *crimes*, les *délits*, et les simples *contraventions* de police.

L'infraction que les lois punissent de peines de police, est une *contravention* ;

L'infraction que les lois punissent de peines correctionnelles, est un *délit* ;

L'infraction que les lois punissent d'une peine afflictive ou infamante, est un *crime*. (*Code pénal*).

149.

Toutes les fois que la peine prononcée par la loi pour une infraction n'excède pas *cinq jours d'emprisonnement et quinze francs d'amende*, c'est une simple contravention de police *(Code pénal)* : les officiers de gendarmerie ne peuvent, à raison de leur qualité d'officiers de police auxiliaires, recevoir les plaintes ou les dénonciations de ces sortes d'infractions ; ils doivent renvoyer les plaignans ou les dénonciateurs par-devant le commissaire de police, le maire ou l'adjoint du maire, qui sont les officiers de police chargés de recevoir les plaintes et les dénonciations de cette nature. *(Code d'instruction criminelle).*

150.

Lorsque les infractions sont punissables de peines *correctionnelles, afflictives* ou *infamantes*, les officiers de gendarmerie, en leur qualité d'officiers de police auxiliaires, reçoivent les plaintes et les dénonciations qui leur sont faites de ces infractions, mais seulement lorsque les délits ou les crimes ont été commis dans l'étendue de l'arrondissement où ils exercent leurs fonctions habituelles.

S'il s'agit d'une plainte, ils ne peuvent la recevoir qu'autant que la partie plaignante est effectivement celle qui souffre du délit ou du crime.

Si c'est une dénonciation, tous ceux qui ont vu commettre le délit ou le crime, ou qui savent qu'il a été commis, ont pouvoir de le dénoncer. *(Code d'instruction criminelle).*

151.

La plainte ou la dénonciation doit être rédigée par le plaignant, par le dénonciateur, ou par un fondé de procuration spéciale, ou par les officiers de gendarmerie, s'ils en sont requis.

La plainte ou la dénonciation doit toujours être signée à chaque feuillet par l'officier de gendarmerie qui la reçoit, et par le plaignant ou le dénonciateur, ou le fondé de pouvoir.

L'officier paraphe et fait parapher les renvois et les ratures par le plaignant, le dénonciateur ou le fondé de pouvoir.

Si le plaignant, le dénonciateur, ou le fondé de pouvoir, ne sait ou ne veut pas signer, il en est fait mention.

La procuration est toujours annexée à la plainte ou à la dénonciation. *(Code d'instruction criminelle).*

152.

Les officiers de gendarmerie ne peuvent recevoir une plainte ou une dénonciation qui leur est présentée par un fondé de pouvoir, qu'autant que la procuration dont il est porteur, exprime, d'une manière expresse et positive, l'autorisation de dénoncer le délit qui fait l'objet de la plainte ou de la dénonciation. (*Code d'instruction criminelle*).

153.

Lorsque la plainte ou la dénonciation est remise toute rédigée à l'officier de gendarmerie, il n'y peut rien ajouter ni faire ajouter, et il doit se borner à la signer à chaque feuillet, ainsi qu'il est dit art. 151.

Si la plainte ou la dénonciation est présentée signée, l'officier de gendarmerie s'assure que la signature est bien celle du plaignant, du dénonciateur, ou du fondé de pouvoir.

154.

L'officier de gendarmerie qui est requis de rédiger lui-même une plainte ou une dénonciation, doit énoncer clairement le délit avec toutes les circonstances qui peuvent l'atténuer ou l'aggraver et faire découvrir les coupables. Il signe et fait signer cette plainte ou dénonciation, comme il est dit art. 151.

155.

Les officiers de gendarmerie sont tenus de renvoyer sans délai à notre procureur royal les plaintes et les dénonciations qu'ils ont reçues en leur qualité d'officiers de police auxiliaires ; leur compétence ne s'étend pas au-delà : *ils ne peuvent faire aucune instruction préliminaire que dans le cas de flagrant délit, ou lorsque, s'agissant d'un crime ou d'un délit, même non flagrant, commis dans l'intérieur d'une maison, le chef de cette maison les requiert de le constater.* (Idem).

156.

Il y a flagrant délit,

Lorque le crime se commet actuellement ;

Lorsqu'il vient de se commettre ;

Lorsque le prévenu est poursuivi par la clameur publique ;

Lorsque, dans un temps voisin du délit, le prévenu est trouvé saisi d'instrumens, d'armes, d'effets ou de papiers faisant présumer qu'il en est *auteur* ou *complice*. (Idem.)

157.

Toute infraction qui, par sa nature, est seulement punissable de peines correctionnelles, ne peut constituer un flagrant délit. Les officiers de gendarmerie ne sont point autorisés à faire des instructions préliminaires pour la recherche de ces infractions.

Le flagrant délit doit être un véritable crime, c'est-à-dire, une infraction contre laquelle une peine afflictive ou infamante est prononcée.

158.

Lorsqu'il y a *flagrant délit*, les officiers de gendarmerie se transportent sans retard sur le lieu pour y dresser les procès-verbaux, à l'effet de constater le corps du délit, son état, l'état des lieux, et pour recevoir les déclarations des habitans, des voisins, et même des parens et domestiques, enfin de toutes les personnes qui auraient des renseignemens à donner. *(Idem.)*

Ils informent aussitôt de leur transport notre procureur royal. *(Idem.)*

Ils peuvent se faire assister d'un écrivain qui leur sert de greffier : ils lui font prêter serment d'en bien et fidèlement remplir les fonctions; leur procès-verbal en fait mention. *(Idem.)*

159.

Les officiers de gendarmerie signent et paraphent les déclarations qu'ils ont reçues : ils les font signer et parapher par les personnes qui les ont faites; si elles refusent de signer, il en est fait mention dans le procès-verbal.

Ils peuvent défendre que qui que ce soit sorte de la maison ou s'éloigne du lieu jusqu'après la clôture du procès-verbal; ils font saisir et déposer dans la maison d'arrêt ceux qui contreviendraient à cette défense : mais ils ne peuvent prononcer contre eux aucune peine; ils en réfèrent sur-le-champ à notre procureur royal.

Ils se saisissent aussi des effets, des armes et de tout ce qui peut servir à la découverte et à la manifestation de la vérité; ils doivent les représenter au prévenu, l'interpeller de s'expliquer, lui faire signer le procès-verbal, ou faire mention de son refus. *(Idem.)*

160.

Si la nature du crime est telle, que la preuve puisse vraisemblablement être acquise par les papiers ou autres pièces et effets en la possession du prévenu, les officiers de gendarmerie se transportent de suite dans son domicile pour y faire la perquisition des objets qu'ils jugent utiles à la manifestation de la vérité : mais il leur est formellement interdit d'y pénétrer pendant le temps de nuit réglé par l'article 184; ils doivent se borner à prendre les mesures de précaution prescrites par l'article 185.

161.

S'il existe dans le domicile du prévenu des papiers ou effets qui puissent servir à conviction ou à décharge, ils en dressent procès-verbal, et se saisissent de ces effets ou de ces papiers.

Ils doivent clore et cacheter les objets qu'ils ont saisis; et si ces objets n'étaient pas susceptibles de recevoir l'empreinte de l'écriture, ils sont mis dans un vase ou dans un sac sur lequel ils attachent une bande de papier qu'ils scellent de leur sceau, et de celui du prévenu, s'il veut y mettre son cachet.

Si les objets sont d'un trop grand volume pour être à l'instant déplacés, ils peuvent les mettre sous la surveillance d'un gardien auquel ils font prêter serment.

162.

Il est expressément défendu aux officiers de gendarmerie de s'introduire dans une maison qui ne serait pas celle où le prévenu aurait son domicile, à moins que ce ne soit une auberge, un cabaret ou tout autre logis ouvert au public, où ils sont autorisés à se transporter, même pendant la nuit, jusqu'à l'heure où ces lieux doivent être fermés d'après les réglemens de police.

163.

Dans le cas où les officiers de gendarmerie soupçonneraient qu'on pût trouver dans une maison autre que celle du domicile du prévenu, des pièces ou effets qui pourraient servir à conviction ou à décharge, ils doivent en instruire aussitôt notre procureur royal.

164.

Lorsque la maison d'un prévenu est située hors de l'arrondissement où ils exercent leurs fonctions habituelles, les officiers de gendarmerie ne peuvent y faire de visites; ils se bornent à en informer notre procureur royal.

165.

Toutes les opérations dont il est ci-dessus question sont faites en présence du prévenu, s'il a été arrêté; ou en présence d'un fondé de pouvoir, si le prévenu ne veut ou ne peut y assister. Les objets lui sont présentés à l'effet de les reconnaître ou de les désavouer, et de les parapher, s'il y a lieu; en cas de refus, il en est fait mention dans le procès-verbal. A défaut de fondé de pouvoir, l'assistance de deux témoins devient indispensable.

166.

S'il existe des indices graves contre le prévenu, les officiers de gendarmerie le font arrêter; si le prévenu n'est pas présent, ils rendent une ordonnance pour le faire comparaître. Cette ordonnance s'appelle *mandat d'amener*; elle doit être revêtue de la signature et même du sceau de l'officier qui la rend, et elle doit désigner le plus exactement possible le prévenu pour en assurer l'arrestation et pour éviter les méprises.

La dénonciation ou la plainte ne constitue pas seule une présomption suffisante pour décerner un mandat d'amener contre un individu ayant domicile; il ne doit être arrêté, s'il est présent, et l'ordonnance pour le faire comparaître, s'il est absent, ne doit être rendue, que lorsque des présomptions fortes s'élèvent contre lui.

Si le prévenu est absent, le mandat d'amener doit porter l'ordre de le conduire, en cas d'arrestation, devant le juge d'instruction ou notre procureur royal. *La loi n'autorise pas l'officier de police auxiliaire à continuer l'instruction après l'instant du flagrant délit.*

Quant aux vagabonds, gens sans aveu ou repris de justice, la plainte ou la dénonciation peut suffire pour les faire arrêter, ou faire décerner contre eux des mandats d'amener.

167.

Les officiers de gendarmerie doivent interroger sur-le-champ le prévenu amené devant eux.

168.

Ils se font assister, dans toutes les opérations mentionnées aux articles 158, 159, 160, 161, 165, 166 et 167, par le commissaire de police du lieu, ou, à défaut, par le maire ou son adjoint, et, en cas de leur absence, par deux habitans domiciliés dans la même commune.

Ils n'en dressent pas moins leurs procès-verbaux sans l'assistance de témoins, s'ils n'ont pas eu la possibilité de s'en procurer.

Ils doivent signer et faire signer leurs procès-verbaux à chaque feuillet par les personnes qui y ont assisté : en cas de refus ou d'impossibilité de signer de la part de ces personnes, il en est fait mention.

169.

S'il s'agit d'un crime qui exige des connaissances particulières pour être constaté, tel qu'une effraction, une blessure grave, une mort violente, etc. les officiers de gendarmerie doivent faire appeler des personnes présumées, par leur art ou leur profession, capables d'en apprécier la nature et les circonstances; ils leur font prêter serment de faire leur rapport et de donner leur avis en leur honneur et conscience : ils ne doivent négliger aucune des mesures ci-dessus prescrites, et ils recueillent avec soin tous les renseignemens qui peuvent conduire à la découverte de la vérité.

170.

Toutes les fois que les officiers de gendarmerie *sont requis* de constater un crime ou un délit, *même non flagrant*, commis dans l'intérieur d'une maison, ils procèdent aux recherches et à l'instruction dans les mêmes formes que ci-dessus pour le flagrant délit, mais avec cette distinction, que, dans ce cas, il n'est pas besoin que l'infraction qu'ils sont appelés à constater dans l'intérieur d'une maison, soit punissable d'une peine afflictive ou infamante ; il suffit qu'elle soit soumise à une peine correctionnelle.

171.

Les officiers de gendarmerie déférent à la réquisition qui leur est faite, soit par le propriétaire de la maison, soit par le principal locataire ou par le chef d'un appartement.

172.

Les officiers de gendarmerie n'étant, dans l'exercice des fonctions judiciaires, que des officiers de police auxiliaires de notre procureur royal, si, dans le cours de leurs opérations pour la recherche d'un flagrant délit ou d'un crime ou délit commis dans l'intérieur d'une maison, notre procureur royal se présente, c'est lui qui doit continuer les actes attribués à la police judiciaire.

Notre procureur royal, s'il a été prévenu, peut les autoriser à continuer la procédure ; et si lui-même l'a commencée, il peut les charger d'une partie des actes de sa compétence.

173.

Lorsque les officiers de gendarmerie ont terminé les actes d'instruction préliminaire qu'ils sont autorisés à faire dans le cas de flagrant délit ou de crime ou délit commis dans l'intérieur d'une maison, ils doivent transmettre sur-le-champ à notre procureur royal les procès-verbaux et tous les actes qu'ils ont faits, les papiers et tous les effets qu'ils ont saisis, ou lui donner avis des mesures prises pour la garde et la conservation des objets.

174.

Les officiers de gendarmerie, en ce qui concerne l'exercice de la police judiciaire, sont placés par la loi sous la surveillance des juges d'instruction, de nos procureurs royaux et de nos procureurs généraux.

175.

Le service de la gendarmerie royale ayant pour but spécial d'assurer le maintien de l'ordre et l'exécution des lois, les officiers de ce corps doivent, indépendamment des attributions qu'ils exercent en leur qualité d'officiers de police auxiliaires, transmettre sans délai à notre procureur royal les procès-verbaux que les sous-officiers et gendarmes ont dressés dans l'exécution de leur service, pour constater les crimes et délits qui laissent des traces après eux ; ils y joignent les renseignemens que ces militaires ont recueillis pour en découvrir les auteurs ou complices. Ils transmettent pareillement aux commissaires de police et aux maires des lieux où de simples contraventions auraient été commises, les procès-verbaux et renseignemens qui concernent les prévenus de ces contraventions.

Section VI.

Dispositions concernant les Officiers des différens grades.

176.

Les officiers de tout grade de la gendarmerie doivent toujours être en tenue militaire lors de leurs revues et tournées, et toutes les fois qu'ils ont à conférer avec les autorités pour des objets de service.

177.

Il est expressément défendu aux officiers de tout grade de la gendarmerie, lors de leurs revues, d'accepter ni logement ni repas chez leurs inférieurs.

178.

Lors des vacances d'emplois, et en cas d'absence ou de maladie, les remplacemens ont lieu provisoirement pour chaque grade d'officier ainsi qu'il suit ;

Le colonel, par le chef d'escadron ;

Le commandant de compagnie, par le plus ancien des lieutenans de la compagnie ;

Le lieutenant, par le plus ancien maréchal-des-logis de la lieutenance ;

Le trésorier, par un sous-officier de la compagnie : ce sous-officier est désigné au colonel par le conseil d'administration, d'après l'avis du sous-intendant militaire.

S'il en résulte un déplacement, l'officier ou le sous-officier reçoit, pendant la durée de son commandement provisoire, et selon son grade, l'indemnité de service extraordinaire attribuée à la gendarmerie par les réglemens.

Du Service ordinaire des Brigades.

179.

Les fonctions habituelles et ordinaires des brigades de la gendarmerie royale sont,

De faire des tournées, courses et patrouilles sur les grandes routes, traverses, chemins vicinaux, et dans tous les lieux de leurs arrondissemens respectifs ; de les faire constater, jour par jour, sur les feuilles mensuelles de service, par les maires, leurs adjoints ou autres personnes notables ;

De recueillir et prendre tous les renseignemens possibles sur les crimes et les délits de toute nature, ainsi que sur leurs auteurs et complices, et d'en donner connaissance aux autorités compétentes ;

De rechercher et poursuivre les malfaiteurs ;

De saisir toutes personnes surprises en flagrant délit, ou poursuivies par la clameur publique ;

De saisir tous gens trouvés avec des armes ensanglantées ou d'autres indices faisant présumer le crime ;

De dresser des procès-verbaux des déclarations faites par les habitans, voisins, parens, amis et autres personnes en état de fournir des indices, preuves et renseignemens sur les auteurs des crimes et délits et sur leurs complices ;

De dresser pareillement des procès-verbaux des incendies, effractions, assassinats, et de tous les crimes qui laissent des traces après eux ;

De dresser de même les procès-verbaux de tous les cadavres trouvés sur les chemins, dans les campagnes, ou retirés de l'eau ; d'en prévenir les autorités compétentes ou le lieutenant de la gendarmerie de l'arrondissement, qui, dans ce cas, est tenu de se transporter en personne sur les lieux, dès qu'il lui en est donné avis ;

De réprimer la contrebande, de saisir les marchandises transportées en fraude, de dresser des procès-verbaux de ces saisies, d'arrêter et de traduire devant les autorités compétentes les contrebandiers et autres délinquans de ce genre ;

De dissiper tout attroupement armé, et de saisir tous individus coupables de rébellion ;

De dissiper tous les attroupemens qualifiés séditieux par les lois, et d'arrêter tous individus qui en feraient partie;

De dissiper tout attroupement tumultueux, même non armé, d'abord par les voies de persuasion, ensuite par commandement verbal, et enfin, s'il est nécessaire, par le développement de la force armée, graduée suivant l'exigence des cas;

De saisir tous ceux qui porteraient atteinte à la tranquillité publique, en troublant les citoyens dans le libre exercice de leur culte;

De saisir tous ceux qui seraient trouvés exerçant des voies de fait ou violences contre la sûreté des personnes et des propriétés;

De saisir les dévastateurs des bois, des récoltes, les chasseurs masqués, lorsqu'ils seraient pris sur le fait;

De dresser des procès-verbaux contre tous individus en contravention aux lois et réglemens sur la chasse;

De faire la police sur les grandes routes, d'y maintenir les communications et les passages libres; à cet effet, de dresser des procès-verbaux des contraventions en matière de grande voirie, telles qu'anticipations, dépôts de fumiers ou d'autres objets, et toute espèce de détériorations commises sur les grandes routes, sur les arbres qui les bordent, sur les fossés, ouvrages d'art et matériaux destinés à leur entretien; de dénoncer à l'autorité compétente les auteurs de ces contraventions ou délits;

De surveiller l'exécution des réglemens sur la police des fleuves et rivières navigables et flottables, des bacs et bateaux de passage, des canaux de navigation ou d'irrigation, des desséchemens généraux ou particuliers, des plantations pour la fixation des dunes, des ports maritimes de commerce; de dresser des procès-verbaux des contraventions à ces réglemens, d'en faire connaître les auteurs aux autorités compétentes;

D'arrêter tous ceux qui seraient trouvés coupant ou dégradant, d'une manière quelconque, les arbres plantés sur les chemins vicinaux, promenades publiques, fortifications et ouvrages extérieurs des places, ou détériorant les monumens qui s'y trouvent;

De contraindre les voituriers, charretiers et tous conducteurs de voitures, de se tenir à côté de leurs chevaux; en cas de résistance, de saisir ceux qui obstrueraient les passages, et de les conduire devant le maire ou l'adjoint du lieu;

D'arrêter tous individus qui, par imprudence, par négligence, par la rapidité de leurs chevaux, ou de toute autre manière, auraient blessé quelqu'un;

ou commis quelques dégâts sur les routes, dans les rues ou voies publiques.

De protéger l'agriculture, et saisir tout individu commettant des dégâts dans les champs ou les bois, dégradant la clôture des murs, haies et fossés, encore que ces délits ne soient pas accompagnés de vols; de saisir pareillement tous ceux qui seraient surpris commettant des larcins de fruits ou d'autres productions d'un terrain cultivé;

De dénoncer à l'autorité locale ceux qui, dans les temps prescrits, auraient négligé d'écheniller;

De s'emparer et remettre sur-le-champ à l'autorité locale les coutres de charrue, pinces, barres, barreaux, échelles et autres objets, instrumens ou armes dont pourraient abuser les voleurs, et qui auraient été laissés dans les rues, chemins, places, lieux publics, ou dans les champs; de dénoncer ceux à qui ils appartiennent;

D'assurer la libre circulation des subsistances, et de saisir tous ceux qui s'y opposeraient par la force;

De protéger le commerce intérieur en procurant toute sûreté aux négocians, marchands, artisans, et à tous les individus que leur commerce, leur industrie et leurs affaires obligent à voyager;

De se tenir à portée des grands rassemblemens d'hommes, tels que foires, marchés, fêtes et cérémonies publiques, pour y maintenir le bon ordre et la tranquillité; et, sur le soir, de faire des patrouilles sur les routes et chemins qui y aboutissent pour protéger le retour des particuliers et marchands qui seraient allés à ces foires;

D'arrêter les déserteurs et les militaires qui ne seraient pas porteurs de feuilles de route ou de congés en bonne forme; d'arrêter pareillement tout militaire absent de son corps et porteur d'une permission d'absence qui ne serait pas revêtue du visa d'un sous-intendant militaire;

De faire rejoindre les sous-officiers et soldats absens de leur corps, à l'expiration de leurs congés de semestre ou limités : à cet effet, les sous-officiers et soldats porteurs de ces congés sont tenus de les faire viser par le sous-officier de gendarmerie commandant la brigade de l'arrondissement, lequel en tient note pour forcer de rejoindre ceux qui seraient en retard;

De se porter en arrière et sur les flancs de tous corps de troupe en marche qui passerait dans leur arrondissement, d'arrêter les traînards et ceux qui s'écarteraient de leur route; de les remettre au commandant du corps, de même que ceux qui commettraient des désordres, soit dans les marches, soit dans les lieux de gîte et de séjour;

7

De surveiller les mendians, les vagabonds et les gens sans aveu : pour cet effet, les maires ou adjoints sont tenus de donner à la gendarmerie des listes sur lesquelles sont portés les individus que les brigades doivent plus particulièrement surveiller ;

D'arrêter les mendians dans les cas et circonstances qui les rendent punissables, à la charge de les conduire sur-le-champ devant le juge de paix, pour être statué à leur égard conformément aux lois sur la répression de la mendicité ;

De saisir ceux qui tiendraient sur les places publiques, dans les foires et les marchés, des jeux de hasard et autres jeux défendus par les lois et les réglemens de police ;

De conduire les prisonniers, prévenus ou condamnés, en proportionnant toujours la force de l'escorte au nombre des prisonniers et aux difficultés que leur transférement pourrait présenter ;

De s'assurer de la personne de tout individu circulant dans l'intérieur de notre royaume sans passe-port ou avec des passe-ports qui ne seraient pas conformes aux lois, à la charge de le conduire sur-le-champ devant le maire ou l'adjoint de la commune la plus voisine. En conséquence, les militaires de tout grade de la gendarmerie se font représenter les passe-ports des voyageurs, et nul ne peut en refuser l'exhibition lorsque l'officier, sous-officier ou gendarme qui en fait la demande est revêtu de son uniforme et décline sa qualité. Il est enjoint à la gendarmerie de se comporter dans l'exécution de ce service avec honnêteté, et de ne se permettre aucun acte qui pourrait être qualifié de vexation ou d'abus de pouvoir.

180.

Ces diverses fonctions sont habituellement exercées par les brigades de la gendarmerie, sans qu'il soit besoin d'aucune réquisition des officiers de la police judiciaire, ni d'aucun ordre spécial ; il est fait mention de ce service habituel sur les journaux des brigades. Ces journaux ou feuilles de service leur sont adressés en nombre suffisant par notre ministre de la guerre pour qu'un exemplaire soit déposé chaque mois au secrétariat de la compagnie, et qu'un autre reste entre les mains des commandans de brigade, qui sont tenus d'indiquer sur ces feuilles les jours où les lieutenans se sont présentés, soit dans les brigades, soit dans les lieux de correspondance, pour leurs tournées et autres objets de service.

181.

Les signalemens des brigands, voleurs, assassins, perturbateurs du repos public, évadés des prisons et des bagnes, et ceux des déserteurs et autres personnes contre lesquelles il est intervenu mandat d'arrêt, sont délivrés à la gendarmerie, qui, en cas d'arrestation de ces individus, les conduit de brigade en brigade jusqu'à la destination indiquée par lesdits signalemens.

182.

Pour faire la recherche des personnes signalées ou dont l'arrestation a été légalement ordonnée, la gendarmerie visite les auberges, cabarets et autres maisons ouvertes au public, en se conformant à ce qui est prescrit aux articles 184 et 185.

183.

Les hôteliers et aubergistes sont tenus de communiquer leurs registres d'inscription des voyageurs à la gendarmerie, toutes les fois qu'elle leur en fait la réquisition.

184.

La maison de chaque citoyen est un asile où la gendarmerie ne peut pénétrer sans se rendre coupable d'abus de pouvoir, sauf les cas déterminés ci-après :

1°. Pendant le jour, elle peut y entrer pour un objet formellement exprimé par une loi, ou en vertu d'un mandat spécial de perquisition, décerné par l'autorité compétente.

2°. Pendant la nuit, elle ne peut y pénétrer que dans les cas d'incendie, d'inondation, ou de réclamation venant de l'intérieur de la maison. Dans tous les autres cas, elle doit prendre seulement, jusqu'à ce que le jour ait paru, les mesures indiquées à l'article 185.

Le temps de nuit est ainsi réglé :

Du 1er. octobre au 31 mars, depuis six heures du soir jusqu'à six heures du matin ;

Du 1er. avril au 30 septembre, depuis neuf heures du soir jusqu'à quatre heures du matin.

185.

Lorsqu'il y a lieu de soupçonner qu'un individu déjà frappé d'un mandat d'arrestation, ou prévenu d'un crime ou délit pour lequel il n'y aurait pas encore de mandat décerné, s'est réfugié dans la maison d'un particulier, la gendarmerie peut seulement garder à vue cette maison, ou l'investir, en attendant l'expédition des ordres nécessaires pour y pénétrer et y faire l'arrestation de l'individu réfugié.

186.

Lorsque les sous-officiers et gendarmes arrêtent des individus en vertu des dispositions ci-dessus, ils sont tenus de les conduire aussitôt devant l'officier de police judiciaire le plus à proximité, et de lui faire le dépôt des armes, effets, papiers et autres pièces de conviction.

187.

Tous les procès-verbaux faits par les brigades sont établis en double expédition, dont l'une est remise, dans les vingt-quatre heures, à l'autorité compétente, et l'autre est adressée au lieutenant de l'arrondissement, qui, après avoir fait remarquer aux sous-officiers et gendarmes ce qu'il aurait trouvé de défectueux ou d'omis dans la rédaction de ces procès-verbaux, les transmet, avec ses observations, au commandant de la compagnie.

Du Service extraordinaire des Brigades.

188.

Le service extraordinaire de la gendarmerie royale consiste,

1°. A prêter main forte,

Aux préposés aux douanes pour la perception des droits d'importation et d'exportation, pour la répression de la contrebande ou de l'introduction, sur le territoire du royaume, de marchandises prohibées;

Aux administrateurs et agens forestiers;

Aux inspecteurs, receveurs et percepteurs de deniers royaux, et autres préposés pour la rentrée des contributions directes et indirectes;

Aux huissiers et autres exécuteurs de mandemens de justice, porteurs de jugemens ou de réquisitoires spéciaux, dont ils doivent justifier;

2°. A fournir les escortes légalement demandées, notamment celles pour la sûreté des recettes générales, convois de poudres de guerre, courriers des malles, voitures et messageries publiques chargées de fonds du Gouvernement.

Les réquisitions pour l'exécution du service extraordinaire sont adressées, savoir : dans les chefs-lieux de département, au commandant de la compagnie; dans les sous-préfectures, au lieutenant de l'arrondissement; et sur les autres points, aux commandans des brigades.

189.

Les sous-officiers et gendarmes requis de prêter main-forte aux fonctionnaires et agens ci-dessus dénommés, peuvent signer les procès-verbaux dressés par ces fonctionnaires et agens, après avoir pris connaissance de leur contenu.

190.

En cas d'incendie, d'inondation et autres événemens de ce genre, la gendarmerie, au premier avis ou signal, se porte sur les lieux. S'il ne s'y trouve aucun officier de police ou autre autorité civile, les officiers et même les commandans de brigade ordonnent et font exécuter toutes les mesures d'urgence; ils peuvent requérir le service personnel des habitans, qui sont tenus d'obtempérer sur-le-champ à leur sommation, et même de fournir les chevaux, voitures et tous autres objets nécessaires pour secourir les personnes et les propriétés. Les procès-verbaux feraient mention des refus et retards qu'ils éprouveraient à ce sujet.

Si c'est un incendie, la gendarmerie prend les renseignemens les plus exacts sur les causes qui l'ont occasionné; et si la clameur publique inculpe un individu et le signale comme coupable, elle s'en saisit, et conduit le prévenu devant l'officier de police judiciaire de l'arrondissement.

Des Devoirs de la Gendarmerie dans l'exécution de son Service ordinaire et extraordinaire.

191.

Tous les jours, avant six heures du matin en été, et avant huit heures en hiver, le commandant de chaque brigade règle le service, et donne des ordres pour son exécution.

Dans tous les lieux de résidence d'un lieutenant, le maréchal-des-logis ou brigadier commandant la brigade va tous les jours à l'ordre chez cet officier.

Le même devoir est imposé aux officiers de tout grade dans les lieux de résidence de plusieurs officiers. Celui du grade inférieur se rend chaque jour à l'ordre chez l'officier qui est du grade immédiatement supérieur, ou qui en exerce les fonctions.

192.

Les commandans de brigade rendent compte aux lieutenans de l'exécution du service : leurs rapports contiennent le détail de tous les événemens dont la connaissance leur est parvenue.

Dans les cas urgens, ces sous-officiers, si leur rapport devait éprouver le moindre retard par la transmission hiérarchique, peuvent correspondre directement avec le commandant de la compagnie. Ces rapports directs ne les dispensent pas de rendre immédiatement les mêmes comptes à leur lieutenant.

193.

Tout officier ou commandant de brigade qui a fait le rapport d'un événement, doit rendre compte successivement des opérations qui en sont la suite, ainsi que de leur résultat : ces comptes doivent toujours rappeler la date du rapport primitif.

194.

Pour faciliter le service de la gendarmerie et l'assurer sur tous les points, les commandans de compagnie établissent, par département et arrondissement de sous-préfecture, l'état de la circonscription des brigades, avec l'indication des communes, hameaux, routes, bois et forêts qu'elles sont tenues de surveiller et visiter habituellement.

195.

Les brigades correspondent entre elles à des jours et sur des points déterminés. Ce service a essentiellement pour objet le transférement des prisonniers, la communication des renseignemens et avis que les gendarmes auraient pu recevoir touchant l'ordre public, et les mesures à concerter pour prévenir les délits et arrêter les malfaiteurs.

196.

Les tournées, conduites, escortes et correspondances périodiques de chaque brigade, sont toujours faites par deux hommes au moins; les maréchaux-des-logis et les brigadiers roulent avec les gendarmes pour ce service. Il doit être établi de manière que les hommes qui ont été employés hors de la résidence, fassent immédiatement le service intérieur de la brigade, à moins que des circonstances particulières de maladies ou autres empêchemens ne forcent d'intervertir cet ordre.

Lorsque le commandant de la brigade est absent pour le service, il est suppléé à la résidence par le plus ancien des gendarmes présens.

197.

Dans leurs tournées, les sous-officiers et gendarmes s'informent avec mesure et discrétion, auprès des voyageurs, s'il n'a pas été commis quelque crime ou délit sur la route qu'ils ont parcourue : ils prennent les mêmes renseignemens dans les communes auprès des maires ou de leurs adjoints.

198.

Si on leur signale quelques criminels, vagabonds ou gens sans aveu, ils se mettent aussitôt à leur poursuite pour les joindre et les arrêter. Après s'être assurés de l'identité des individus par l'examen de leurs papiers et les questions qu'ils leur font sur leurs noms, leur état, leur domicile et les lieux d'où ils viennent, ils se saisissent de ceux qui demeureraient prévenus de crimes, délits ou vagabondage, et ils en dressent procès-verbal ; mais ils relâchent immédiatement ceux qui, étant seulement désignés comme vagabonds ou gens sans aveu, se justifieraient par le compte qu'ils rendraient de leur conduite, ainsi que par le contenu de leurs certificats ou passe-ports.

Le procès-verbal d'arrestation doit contenir l'inventaire exact des papiers et effets trouvés sur les prévenus ; il est signé par ces individus, et, autant que possible, par deux habitans les plus voisins du lieu de la capture : s'ils déclarent ne vouloir ou ne pouvoir signer, il en est fait mention. Les sous-officiers et gendarmes conduisent ensuite les prévenus par-devant l'officier de police judiciaire de l'arrondissement, auquel ils font la remise du procès-verbal et des papiers et effets.

199.

Les sous-officiers et gendarmes s'informent également, dans leurs courses et tournées, si les militaires en congé ne commettent pas de désordres ou ne troublent point la tranquillité publique ; en cas de plainte, ils les arrêtent sur la déclaration par écrit des maires ou adjoints, dont il est fait mention dans les procès-verbaux qu'ils sont tenus de dresser : ces militaires sont conduits devant l'officier de gendarmerie de l'arrondissement, qui ordonne de les traduire en prison, s'il y a lieu, et en rend compte sans délai au commandant de la compagnie, en lui adressant les procès-verbaux d'arrestation.

200.

Toutes les fois qu'il s'agit de transférer des prévenus ou condamnés de brigade en brigade, l'officier de gendarmerie qui donne l'ordre de conduite, détermine sur cet ordre le nombre des gendarmes dont l'escorte doit être composée ; il désigne pareillement le nom du sous-officier ou gendarme qui en a le commandement et est chargé de la conduite jusqu'à la station ordinaire de la brigade.

Si les prévenus ou condamnés sont transférés en vertu d'un mandat de justice, copie de la réquisition de l'officier de police judiciaire doit toujours être jointe à l'ordre de transférement, et énoncer, s'il y en a, les pièces qui doivent suivre les prévenus ou les condamnés. Ces pièces sont cachetées et remises au commandant de l'escorte, qui en donne son reçu au bas de l'ordre, dans les termes suivans :

Reçu l'ordre et les pièces y mentionnées.

Les signalemens des prisonniers sont inscrits à la suite de l'ordre de transférement.

201.

Les ordres de conduite ou feuilles de route des prévenus ou condamnés doivent toujours être individuels, quel que soit le nombre des prévenus ou condamnés, afin que, dans le cas où l'un d'eux viendrait à tomber malade en route, il pût être déposé dans un hôpital sans retarder la marche des autres.

202.

Dans chaque lieu de gîte, les prévenus ou condamnés sont déposés dans la maison d'arrêt.

En remettant ces prévenus ou condamnés au concierge, gardien ou geolier, le commandant de l'escorte doit faire transcrire, en sa présence, sur le registre de la geole, les ordres dont il est porteur, ainsi que l'acte de remise des prisonniers au concierge de la maison d'arrêt ou de détention, en indiquant le lieu où ils doivent être conduits.

Le tout doit être signé, tant par les gendarmes, que par le geolier ; celui-ci en délivre une copie au commandant de l'escorte pour sa décharge.

203.

Dans le cas où il n'y aurait pas de maison d'arrêt ou de détention dans le lieu de résidence d'une brigade, les prévenus ou condamnés sont déposés dans la chambre de sûreté de la caserne de la gendarmerie. Ils y sont gardés par les gendarmes de la résidence jusqu'au départ du lendemain ou du jour fixé pour la correspondance : mais, si les prisonniers sont de différens sexes, les femmes sont remises à la garde de l'autorité locale, qui pourvoit à leur logement.

204.

Le commandant de l'escorte qui a effectué le dépôt des prisonniers confiés à sa garde, remet l'ordre de transférement et les pièces au commandant de la brigade qui doit le relever : celui-ci est tenu d'inscrire sur son registre-journal les noms des prisonniers, le nombre des pièces qui lui ont été remises, et le lieu où ils doivent être conduits ; il devient dès-lors responsable du transférement.

L'inscription ci-dessus prescrite est toujours faite en présence du commandant de l'escorte qui a amené les prisonniers : il signe sur le registre avec le commandant de la brigade, et, en l'absence de ce dernier, avec le gendarme qui doit le suppléer.

Si, à défaut de maison d'arrêt ou de détention, les prévenus ou condamnés ont été déposés dans la chambre de sûreté d'une brigade, le commandant de l'escorte qui a effectué ce dépôt, s'en fait donner un reçu sur le journal ou feuille de service dont il est porteur.

205.

Les mêmes dispositions ont lieu successivement dans toutes les brigades. La dernière escorte, après la remise des prévenus ou condamnés à leur destination, se fait donner une décharge générale, et des prisonniers qu'elle a conduits, et de toutes les pièces qui lui ont été confiées. A son retour à la résidence, le commandant de la dernière escorte fait mention de cette décharge sur son registre, et la joint aux autres pièces qui concernent le service de la brigade, afin de pouvoir la représenter au besoin.

206.

Lorsque le transport des prévenus ou condamnés se fait par la correspondance des brigades, le commandant de l'escorte qui a été chargé de la conduite jusqu'au point de réunion, après avoir fait vérifier par le commandant de la nouvelle escorte l'identité des individus confiés à sa garde, et lui avoir remis toutes les pièces mentionnées dans l'ordre de transférement, se fait donner un reçu du tout sur la feuille de service.

Si le nombre des prisonniers amenés à la correspondance, ou si des circonstances particulières exigeaient un supplément de force, le commandant qui doit continuer l'escorte pourra requérir parmi les gendarmes présens le nombre d'hommes nécessaire à la sûreté des prisonniers.

207.

Les gendarmes chargés d'une conduite, soit qu'elle ait lieu par la correspondance ou qu'elle ait dû être continuée jusqu'à la station de la première brigade, doivent rentrer le même jour à leur résidence, à moins d'empêchement résultant du service ou de la distance des lieux : dans aucun cas, ils ne peuvent outre-passer la résidence de cette première brigade sans un ordre positif du commandant de la compagnie.

208.

Les sous-officiers et gendarmes employés au service de conduite ou de correspondance qui ne ramènent point de prisonniers, ne reviennent pas par la même route ; il leur est enjoint de se porter dans l'intérieur des terres, de visiter les hameaux, de fouiller les bois et les lieux suspects, et de prendre dans les fermes et maisons isolées toutes les informations qui pourraient leur fournir des renseignemens utiles.

209.

Les sous-officiers et gendarmes montés qui sont chargés de conduire des prévenus ou condamnés, marchent toujours à cheval, dans une bonne tenue militaire, et complètement armés ; les sous-officiers et gendarmes à pied sont pareillement armés et équipés complètement. Dans le cas où les prisonniers doivent être conduits en poste, en vertu d'ordres supérieurs, l'escorte prend place dans les voitures avec les prisonniers.

210.

Avant d'extraire des prisons les individus dont le transférement est ordonné de brigade en brigade, les sous-officiers et gendarmes s'assurent s'ils n'ont pas sur eux des objets tranchans, ou quelque instrument qui puisse servir à favoriser leur évasion ; s'ils sont en état de supporter les fatigues de la route, et s'ils sont pourvus de vêtemens et chaussures.

211.

Si un prisonnier confié à la gendarmerie tombe ou arrive malade dans une résidence de brigade où il n'y a ni prison ni hôpital, il reste déposé dans la chambre de sûreté de la caserne ; les secours nécessaires lui sont administrés par les soins du maire ou de l'adjoint, mais jusqu'au moment seulement où il peut être transféré sans danger dans la maison de détention ou dans l'hôpital le plus à proximité.

Lorsqu'un prévenu ou condamné conduit à pied par la gendarmerie tombe malade en route, le maire ou l'adjoint du lieu le plus voisin, sur la réquisition des sous-officiers et gendarmes chargés de la conduite, est tenu de pourvoir aux moyens de transport jusqu'à la résidence de la brigade, la maison de détention ou l'hôpital le plus à proximité dans la direction de la conduite du prisonnier : si c'est une maison de détention, le prisonnier y est placé à l'infirmerie et remis à la garde du concierge, qui en donne reçu ; si c'est un hôpital civil, il y est soigné dans un lieu sûr, sous la surveillance des autorités locales.

Dans ce cas, les papiers, objets et pièces de conviction, s'il y en a, restent entre les mains du sous-officier commandant la gendarmerie de l'arrondissement, et, après le rétablissement du prisonnier, sont joints à l'ordre de conduite, avec un certificat constatant l'entrée et la sortie de l'hôpital, ou les motifs du séjour prolongé, soit dans la maison de détention, soit dans la chambre de sûreté de la caserne.

Les commandans de brigade doivent veiller à ce que les prisonniers entrés aux hôpitaux civils n'y restent pas au-delà du temps nécessaire pour leur rétablissement.

212.

Si les pièces jointes à l'ordre de transférement concernent plusieurs individus dont l'un serait resté malade en route, la conduite de ceux qui sont en état de marcher n'est pas interrompue, et les pièces ne sont pas retenues ; il est fait mention, sur l'ordre de transférement qui suit les autres prisonniers, des causes qui ont fait suspendre la translation de l'un ou de quelques-uns d'entre eux.

213.

En cas d'évasion d'un prévenu ou condamné déposé à l'infirmerie d'une maison de détention, ou soigné dans un hôpital, le commandant de la brigade de gendarmerie, au premier avis qu'il en reçoit, le fait rechercher et poursuivre, et se rend au lieu de l'évasion pour connaître s'il y a eu connivence, ou seulement défaut de surveillance, de la part des gardiens : il rédige le procès-verbal de ses recherches, et l'adresse sur-le-champ, avec les autres pièces qui concernent l'évadé, au lieutenant de l'arrondissement ; celui-ci le transmet au commandant de la compagnie, qui en rend compte à l'autorité compétente.

214.

En cas de mort, dans les hôpitaux civils ou militaires, d'un prévenu ou condamné, le commandant de la brigade se fait délivrer une expédition de l'acte de décès, pour être réunie aux autres pièces qui peuvent concerner le décédé, et il fait l'envoi du tout, dans les vingt-quatre heures, au lieutenant de la gendarmerie de l'arrondissement ; cet officier transmet ces pièces au commandant de la compagnie.

215.

Le commandant de la compagnie, après avoir rassemblé toutes les pièces relatives au prisonnier évadé ou décédé, les fait parvenir sans délai, savoir :

Au ministre de la guerre, si c'était un militaire;

Au ministre de la marine, s'il faisait partie de l'armée de mer;

Au ministre de l'intérieur, si le prisonnier était condamné aux fers ou à la réclusion;

Enfin, si le prisonnier était simplement prévenu d'un délit de la compétence des cours royales ou des tribunaux de première instance, à l'officier de police judiciaire qui a décerné le mandat *d'amener, de dépôt, d'arrêt*, ou qui a *requis* le transférement; et si c'était un condamné, à notre procureur royal près la cour ou le tribunal qui a prononcé la condamnation.

Il est également donné connaissance de l'évasion ou du décès du prisonnier à l'autorité devant laquelle il devait être traduit.

216.

Lorsqu'un militaire est décédé dans une maison de détention, ou qu'il s'en est évadé, le sous-officier commandant la gendarmerie de l'arrondissement dresse un inventaire exact de l'argent et des effets qu'il a laissés; il indique avec soin les nom et prénoms de ce militaire, le lieu de sa naissance, son département, et le corps dans lequel il servait.

L'inventaire est fait en triple expédition et signé par le concierge de la maison de détention, qui garde par-devers lui une des expéditions.

Les effets et l'argent sont transportés sans délai, par la voie de la correspondance des brigades, jusqu'à l'hôpital militaire le plus voisin, et remis, avec la seconde expédition de l'inventaire, à l'économe de l'hôpital, qui, après la vérification, donne son reçu au bas de la troisième expédition, laquelle reste entre les mains du commandant de la brigade de l'arrondissement où l'hôpital militaire est situé, pour servir à la décharge de ce sous-officier. Il est fait inscription de l'inventaire sur le registre d'ordre de la brigade.

A défaut d'hôpital militaire dans le département, les objets ci-dessus sont déposés, en suivant les mêmes formalités, dans les mains des administrateurs de l'hospice civil le plus voisin, pourvu toutefois que cet hospice soit du nombre de ceux qui reçoivent des militaires malades.

217.

Si le concierge de la maison de détention déclare que le militaire mort ou évadé n'a laissé ni effets ni argent, le sous-officier commandant la gendarmerie dresse procès-verbal de cette déclaration, qu'il fait signer au concierge, et il en inscrit le contenu sur le registre d'écrou. Ce procès-verbal est pareillement transmis au commandant de la compagnie.

218.

Il est expressément défendu à la gendarmerie de faire la conduite des militaires condamnés à la peine des travaux publics ou du boulet, avant d'avoir reçu une expédition individuelle et certifiée des jugemens, et de s'être assurée si les condamnés sont pourvus de tous les effets d'habillement et de petit équipement prescrits par les réglemens, et dont le détail doit être inscrit sur la feuille de route de chaque homme.

La gendarmerie veille avec la plus grande attention à ce qu'il ne soit détérioré ni détourné aucune partie de ces effets par les condamnés, pendant la route, et principalement dans les lieux de gîte; si elle remarque qu'il leur manque quelques-uns de ces effets à la sortie des prisons, elle en dresse un procès-verbal que le concierge est tenu de signer. Ce procès-verbal est joint à l'ordre de conduite des militaires condamnés pour servir à la décharge des gendarmes.

219.

Les sous-officiers et gendarmes doivent prendre toutes les mesures de précaution pour mettre les prisonniers confiés à leur garde dans l'impossibilité de s'évader : toute rigueur qui ne serait pas nécessaire pour s'assurer de la personne d'un prévenu, est expressément interdite. La loi défend à tous, et spécialement aux dépositaires de la force armée, de faire aux personnes arrêtées aucun mauvais traitement ni outrage, même d'employer contre elles aucune violence, à moins qu'il n'y ait eu résistance ou rébellion, auquel cas seulement ils sont autorisés à repousser par la force les voies de fait commises contre eux dans l'exercice de leurs fonctions.

220.

Dans le cas où quelques-uns des prisonniers confiés à la même escorte et ayant la même direction viendraient à s'évader, ceux qui restent sont toujours conduits à leur destination avec les pièces qui les concernent. Si tous les prisonniers sont parvenus à s'évader, les pièces sont envoyées sur-le-champ, avec le procès-verbal de l'évasion, au lieutenant de gendarmerie de l'arrondissement, lequel prend sur la nature et les circonstances de l'événement tous les renseignemens qui peuvent faire connaître s'il y a eu connivence ou seulement négligence de la part des gendarmes. Dans tous les cas, cet officier ordonne les recherches et les poursuites qu'il juge convenables pour atteindre les évadés, transmet le procès-verbal à notre procureur royal, et en informe le commandant de la compagnie. Il en est également rendu compte, sans délai, au ministre de la guerre. Le signalement des évadés est envoyé suivant l'ordre prescrit par l'article 215.

Le commandant de la brigade qui a fourni l'escorte des prisonniers, fait mention sur son journal, des évasions qui ont eu lieu, et des noms des gendarmes qui étaient chargés de la conduite.

221.

Tout sous-officier ou gendarme convaincu d'avoir emprunté ou reçu, à quelque titre que ce soit, de l'argent ou des effets des prévenus ou condamnés dont le transfèrement lui a été confié, est réformé, sans préjudice des peines qui peuvent être prononcées contre lui.

222.

Les sous-officiers et gendarmes sont tenus de veiller à ce que les prisonniers reçoivent exactement les subsistances qui doivent leur être fournies pendant la route : il préviennent les maires ou adjoints des abus qui pourraient exister dans les fournitures, pour qu'ils puissent les réprimer sur-le-champ.

223.

La même surveillance est exercée par les commandans de brigade, lorsque des militaires sont détenus dans les maisons d'arrêt ou de détention : ils s'assurent si les concierges de ces prisons leur fournissent exactement les denrées prescrites par les réglemens, si la paille est renouvelée aux époques fixées et dans les quantités voulues, et si les chambres sont munies des ustensiles nécessaires. En cas de plainte de la part des détenus, les commandans de brigade en vérifient l'exactitude, et rendent compte à leurs chefs des abus qu'ils auraient découverts : les commandans de compagnie donnent aussitôt connaissance de ces abus aux préfets et aux sous-intendans militaires.

224.

Il est défendu à la gendarmerie d'escorter des militaires *marchant isolément*, ou en détachement, s'ils ne sont munis de feuilles de route individuelles, portant indication des fournitures qu'ils doivent recevoir en route.

Néanmoins les feuilles de route peuvent être collectives, mais seulement lorsque les militaires appartiennent à un même corps et qu'ils doivent se rendre à la même destination.

En conséquence, toutes les fois que les commandans de brigade ont à faire de ces sortes d'escortes, le sous-intendant militaire, ou, à son défaut, le sous-préfet du lieu du départ, doit préalablement délivrer aux militaires des feuilles de route portant les indications ci-dessus.

225.

La gendarmerie se fait représenter les feuilles de route des militaires marchant sans escorte. A l'égard de ceux auxquels il est accordé des transports, elle s'assure, par l'examen des mandats de fournitures dont les conducteurs de convois doivent être porteurs, s'il n'a pas été donné ou reçu de l'argent en remplacement de ces fournitures.

Tout militaire auquel il a été accordé un transport, en est privé, s'il est rencontré faisant sa route à pied : à cet effet, le sous-officier commandant la gendarmerie de l'arrondissement lui retire les mandats dont il se trouve porteur, et annote sur la feuille de route qu'il doit être privé du transport.

Ces mandats sont transmis aussitôt au commandant de la compagnie, et renvoyés par lui au sous-intendant militaire qui les a délivrés, pour être annullés.

226.

Lorsqu'un convoi de poudres ou de munitions de guerre marche sous l'escorte de la gendarmerie, et qu'il doit s'arrêter dans une commune, si ce convoi n'a pas de commandant d'artillerie, le sous-officier de gendarmerie commandant l'escorte se concerte avec l'autorité locale pour faire parquer le convoi dans un lieu à l'abri de tout danger, et pour qu'à défaut de troupes de ligne un poste suffisant de gardes nationales veille à sa sûreté jusqu'au moment du départ. Dans ce dernier cas seulement, le sous-officier de gendarmerie est tenu de s'assurer par lui-même, pendant la nuit, si le service se fait avec exactitude.

Les gendarmes chargés de ces escortes ne peuvent abandonner les voitures confiées à leur garde, avant d'avoir été relevés. Les mêmes précautions sont prises lors des escortes des deniers royaux.

227.

Il est expressément ordonné à la gendarmerie, dans ses tournées, courses et patrouilles, de porter la plus grande attention sur ce qui peut être nuisible à la salubrité, afin de prévenir, autant que possible, les ravages et les maladies contagieuses et des épizooties. Les sous-officiers et gendarmes sont tenus, à cet effet, de surveiller l'exécution des mesures de police prescrites par les réglemens ; ils dressent procès-verbal des contraventions, pour que les poursuites soient exercées par qui de droit contre les délinquans.

Lorsqu'ils trouvent des animaux morts sur les chemins ou dans les champs, ils en préviennent les autorités locales, et les requièrent de les faire enfouir : en cas de refus ou de négligence, les chefs de la gendarmerie, sur le rapport des commandans de brigade, en informent les sous-préfets et préfets pour qu'il soit pris des mesures à cet égard.

DES COMPAGNIES DE GENDARMERIE PRÈS LES PORTS ET ARSENAUX.

Section Iᵉ.
Du Service de ces Compagnies.

228.

Les compagnies de la gendarmerie royale près les ports et arsenaux de la marine sont placées, pour tout ce qui concerne l'exécution de leur service, sous les ordres immédiats des intendans de la marine, et sous ceux des commissaires généraux ou principaux dans les arrondissemens où ces derniers remplissent les fonctions d'intendans de la marine.

229.

Les officiers, sous-officiers et gendarmes de ces compagnies défèrent aux réquisitions qui leur sont faites par les chefs militaires des ports et les officiers de l'administration de la marine, lesquels ne peuvent leur adresser de réquisitions que pour assurer le service et maintenir l'exécution des mesures de police et de surveillance que les réglemens leur attribuent.

230.

Les réquisitions sont toujours adressées, dans les chefs-lieux d'arrondissement maritime, aux capitaines des compagnies, et sur les autres points, aux commandans des postes qui s'y trouvent placés.

231.

Les compagnies de gendarmerie des ports et arsenaux fournissent un poste près les intendans de la marine et près les commissaires généraux ou principaux qui remplissent les fonctions d'intendans. Lorsque ces intendans, commissaires généraux ou principaux, visitent les ports et chantiers de construction, ils

peuvent se faire accompagner par des gendarmes pour assurer l'exécution des
ordres qu'ils auraient à donner concernant le service.

232.

Il n'est point établi habituellement de gendarmes près les chefs militaires des
ports et les officiers de l'administration de la marine ; mais ces officiers peuvent
requérir qu'il soit fourni des gendarmes, lorsque l'intervention de la gendarmerie est nécessaire pour assurer leurs opérations.

233.

Les abus qui pourraient avoir lieu dans l'emploi des gendarmes comme
ordonnances ou plantons, sont déférés par les capitaines aux intendans de la
marine, aux commissaires généraux ou principaux qui en remplissent les
fonctions, et aux officiers supérieurs de la gendarmerie, sans toutefois qu'on
puisse se dispenser d'obtempérer aux réquisitions qui seraient faites.

234.

Les sous-officiers et gendarmes ne peuvent être employés à porter la correspondance que dans les cas urgens et à défaut d'autres moyens ; les réquisitions
pour ce genre de service doivent être adressées par écrit. Les abus sont déférés
ainsi qu'il est prescrit dans l'article précédent.

235.

Les sous-officiers et gendarmes sont spécialement affectés à la police des ports
et à l'exécution du service relatif à l'inscription maritime, et à toutes les
opérations qui s'y rapportent, soit dans l'intérieur des ports, soit à l'extérieur.
Ils surveillent les démarches des marins, observent leurs habitudes dans les
ports, s'attachent à les reconnaître, afin de prévenir et de réprimer la désertion.

236.

Ils sont envoyés sur les routes avoisinant les ports, pour arrêter et faire
arrêter les déserteurs et les forçats évadés.

237.

S'ils reconnaissent chez des marchands ou chez des particuliers, des effets
à la marque de la marine, ou qu'ils auraient lieu de croire lui appartenir,
ils en dressent un procès-verbal ou font leur rapport, qu'ils remettent sur-
le-champ à l'autorité compétente, pour qu'il soit procédé suivant les lois contre
les détenteurs desdits effets.

Ils dressent procès-verbal des vols, effractions, arrestations et autres évé-s
nemens parvenus à leur connaissance, ou pour lesquels ils auraient été requis.

238.

Les gendarmes conduisent, soit aux tribunaux maritimes, soit près no
commissaires royaux rapporteurs, les individus prévenus d'un délit dont la
connaissance ressortit à ces tribunaux.

Ils sont chargés, d'après les instructions du commissaire de marine préposé
aux chiourmes, de la surveillance extérieure des bagnes.

239.

Les fonctions ci-dessus attribuées à la gendarmerie des ports et arsenaux
dans les chefs-lieux des arrondissemens maritimes, sont les mêmes dans les
ports secondaires et dans les quartiers de l'inscription maritime.

240.

Les sous-officiers et gendarmes ne peuvent se porter, même pour objet de
service, hors de l'arrondissement qui leur a été assigné, sans qu'ils y aient
été autorisés par les intendans de la marine, ou par les commissaires généraux
ou principaux qui en remplissent les fonctions, ou par le chef du service de
la marine dans le port où ils sont employés.

241.

Lorsqu'une levée est ordonnée, les gendarmes sont envoyés dans les communes des quartiers, non-seulement pour porter les ordres de l'officier
d'administration aux préposés et syndics, mais encore pour en seconder, s'il y
a lieu, l'exécution.

Ils donnent ou requièrent main-forte, au besoin, pour assurer l'effet de
la levée.

Ils traduisent dans les prisons les marins coupables de désobéissance et de
désertion.

En cas d'insubordination, de voies de fait, ou de tous autres délits contre
les réglemens maritimes, ils se portent, sur la réquisition de l'officier d'administration, à bord des navires de commerce ou autres, dressent les procès-
verbaux de ces délits, et les transmettent à l'officier d'administration.

Ils accompagnent l'officier d'administration sur les lieux où il doit se transporter à l'occasion de bris, de naufrages ou échouemens.

Section II.

Des Rapports de la Gendarmerie près les Ports et Arsenaux avec les Intendans de la marine et les Chefs militaires des ports.

242.

En l'absence de nos commissaires royaux rapporteurs, les capitaines de la gendarmerie des ports et arsenaux en remplissent les fonctions près les tribunaux maritimes.

243.

Les capitaines rendent compte sur-le-champ aux majors généraux et majors de la marine, des événemens qui pourraient intéresser la sûreté des ports et arsenaux, et ils leur communiquent tous les renseignemens qu'ils ont obtenus.

Ils les instruisent également, par des rapports fréquens, de la situation des divers ports secondaires et quartiers maritimes.

Ces mêmes officiers rendent des comptes semblables aux intendans de la marine et aux commissaires généraux ou principaux qui en remplissent les fonctions.

244.

Les lieutenans des compagnies de gendarmerie des ports et arsenaux adressent directement à l'officier de marine qui commande dans l'arrondissement où est fixée leur résidence, les rapports qui seraient de nature à intéresser la sûreté dudit arrondissement; ils en envoient sur-le-champ copie à leur capitaine, auquel sont dûs exclusivement les comptes sur la tenue, police et discipline des sous-officiers et gendarmes.

245.

Les intendans de la marine, les commissaires généraux ou principaux qui en remplissent les fonctions, les majors généraux et majors des ports, prescrivent les punitions que doivent subir les officiers, sous-officiers et gendarmes pour infraction à leurs ordres, ou pour des fautes commises dans le service : ils se conforment, selon la gravité des cas, aux dispositions des articles 257 et 258 de la présente ordonnance.

Ces punitions sont infligées par les capitaines, lorsqu'elles concernent des lieutenans ou des sous-officiers et gendarmes, et par le colonel de la légion, si la punition doit être infligée à un capitaine.

9*

Lorsque les autres officiers ou administrateurs de la marine ont à se plaindre des officiers, sous-officiers ou gendarmes, ils doivent s'adresser, soit à l'intendant de la marine de leur arrondissement, soit au commissaire général ou principal qui en remplit les fonctions, soit au major général ou major des ports, soit au capitaine de la compagnie, qui, s'il y a lieu, ordonnent des punitions, en se conformant aux dispositions ci-dessus.

246.

Les colonels de gendarmerie punissent directement les militaires des compagnies des ports et arsenaux pour insubordination et autres fautes de discipline militaire.

247.

Chaque trimestre, les commissaires de marine peuvent constater l'effectif des brigades de gendarmerie affectées au service des ports : à cet effet, ils passent la revue des hommes présens dans le lieu de leur résidence; mais ils ne doivent donner aucun ordre pour le déplacement des gendarmes qui sont attachés à des quartiers maritimes. L'existence de ces militaires est constatée par les certificats qu'adressent les administrateurs de la marine chargés du service de ces quartiers.

248.

Pour éviter de trop longs déplacemens et des absences nuisibles au service des ports et arsenaux, lors des revues des inspecteurs généraux et des colonels de la gendarmerie, les sous-officiers et gendarmes disséminés dans les différens quartiers maritimes se rendent, pour la revue, sur les points de réunion des brigades des départemens les plus rapprochés de leurs quartiers, lors même que ces points de réunion ne seraient pas dans la circonscription de la légion et de l'arrondissement d'inspection dont ils font partie.

L'extrait de la revue pour les gendarmes maritimes, dans cette position, est adressé au colonel ou à l'inspecteur général qui a dans son arrondissement le chef-lieu de la compagnie où se fait la revue principale.

249.

Les colonels de gendarmerie ne peuvent distraire les brigades des compagnies près les ports et arsenaux, des fonctions qui leur sont spécialement attribuées, pour appuyer l'action de la gendarmerie des départemens, sans y avoir été formellement autorisés par les intendans de la marine, ou par les commissaires généraux ou principaux qui en remplissent les fonctions.

Réciproquement, dans le cas où lesdits intendans, commissaires généraux ou principaux de la marine, jugeraient indispensable de faire appuyer l'action de la gendarmerie des ports et arsenaux par la gendarmerie des départemens, cette mesure ne pourra avoir lieu que de concert avec les officiers supérieurs de la gendarmerie.

250.

Les capitaines des compagnies de gendarmerie près les ports et arsenaux rendent compte au colonel de la légion, de ce qui concerne l'administration, la tenue, la police et la discipline de leur compagnie, et des résultats généraux du service.

CHAPITRE III.

Police et Discipline, Ordre intérieur.

Délits et Crimes commis par la Gendarmerie.

251.

Les officiers, sous-officiers et gendarmes, sont justiciables des tribunaux ordinaires et des cours d'assises, pour les délits et les crimes commis hors de leurs fonctions ou dans l'exercice de leurs fonctions relatives au service de police administrative et judiciaire dont ils sont chargés, et des tribunaux militaires, pour les délits et les crimes relatifs au service et à la discipline militaire.

Les militaires de tout grade de la gendarmerie sont réputés être dans l'exercice de leurs fonctions lorsqu'ils sont revêtus de leur uniforme.

252.

Si l'officier, sous-officier ou gendarme est accusé tout à la fois d'un délit ou crime militaire et de tout autre délit ou crime de la compétence des tribunaux ordinaires et des cours d'assises, la connaissance en appartient à ces tribunaux ou cours d'assises, qui peuvent appliquer, s'il y a lieu, les peines portées au Code pénal militaire, quand, pour raison du délit ou crime militaire, les officiers sous-officiers et gendarmes ont encouru une peine plus forte que celle résultant du délit ou crime qui ne serait pas militaire par sa nature.

253.

Les militaires de la gendarmerie qui ne rejoindraient pas, à l'expiration des congés ou permissions, et ceux qui quitteraient leur poste sans autorisation, seront censés démissionnaires ; s'ils sont débiteurs au corps, ou si leur disparition est accompagnée de circonstances aggravantes, ils seront réputés déserteurs.

Quant aux sous-officiers et soldats extraits de la ligne pour le recrutement de la gendarmerie, ils continueront, jusqu'à ce qu'ils aient achevé le temps de service prescrit par la loi du 10 mars 1818, d'être assujettis aux lois et ordonnances qui concernent les militaires des corps de la ligne.

Fautes contre la Discipline.

254.

Sont réputés fautes contre la discipline,

Tout défaut d'obéissance, tant qu'il n'a pas le caractère d'un délit ;

Tout murmure, mauvais propos et signe de mécontentement envers des supérieurs, tout manquement au respect qui leur est dû ;

Tout propos humiliant ou outrage envers un inférieur, et tout abus d'autorité à son égard ;

Toute négligence de la part des chefs à punir les fautes de leurs subordonnés et à en rendre compte aux supérieurs ;

Toute violation des punitions de discipline ;

Tout déréglement de conduite, la passion du jeu et l'habitude de contracter des dettes ;

Les querelles soit entre les hommes de la gendarmerie, soit avec d'autres militaires ou des habitans des villes et campagnes, et seulement à l'égard de ces derniers, lorsque les querelles ne sont pas de nature à être portées devant les juges civils qui doivent en connaître ;

L'ivresse, pour peu qu'elle trouble l'ordre public ou militaire ;

Le manquement aux appels, et toute absence non autorisée ;

Toute contravention aux réglemens sur la police, la discipline et sur les différentes parties du service ;

Enfin tout ce qui, dans la conduite ou dans la vie habituelle du militaire, s'écarte de la règle, de l'ordre, de l'esprit d'obéissance et de la déférence que le subordonné doit à ses chefs.

Des Punitions de discipline.

255.

Les officiers, sous-officiers et gendarmes sont soumis, chacun en ce qui le concerne, aux réglemens de discipline militaire et aux peines que les supérieurs sont autorisés à infliger pour les fautes et les négligences dans le service.

256.

Les colonels de la gendarmerie peuvent, d'après le compte qui leur est rendu, infirmer, restreindre ou augmenter les punitions qui auraient été prononcées par les officiers et commandans de brigade sous leurs ordres, sans qu'ils puissent, dans aucun cas, s'écarter des règles qui sont prescrites ci-après pour la nature et la durée des punitions.

257.

Les punitions de discipline sont,

Pour les officiers de la gendarmerie royale,

  Les arrêts simples,

  Les arrêts forcés,

  La prison;

Pour les sous-officiers et gendarmes,

  La consigne aux casernes,

  La chambre de police,

  La prison.

258.

La peine des arrêts simples, des arrêts forcés, de la consigne, de la chambre de police et de la prison, ne peut être infligée pour moins de trois jours ni plus de quinze jours. Cependant, si un officier, sous-officier ou gendarme commettait une faute contre la discipline de nature à mériter une plus forte punition, les colonels sont autorisés à prolonger la durée de la peine de la prison jusqu'à ce que le ministre de la guerre ait prononcé, si c'est un sous-officier ou gendarme, ou qu'il ait pris nos ordres, si c'est un officier.

Les colonels de la gendarmerie sont tenus d'adresser leur rapport au ministre de la guerre, dans les trois jours à partir de celui où ils ont cru devoir prolonger la peine de la prison.

259.

Les arrêts simples, la consigne et la chambre de police n'exemptent point du service.

260.

Les commandans de brigade peuvent infliger la peine de la consigne et de la chambre de police à leurs subordonnés; la peine de la prison n'est infligée que par les officiers.

Les arrêts simples peuvent être ordonnés à chaque officier par son supérieur en grade ou celui qui en exerce l'autorité : les arrêts forcés et la prison ne sont ordonnés que par le colonel de la légion.

261.

Tout officier, sous-officier ou gendarme, lors même qu'il se croirait injustement puni et fondé à se plaindre, est tenu de se soumettre à la punition de discipline prononcée contre lui; mais il peut, après avoir obéi, faire des réclamations près de l'officier immédiatement supérieur à celui qui a ordonné la punition.

262.

Il est rendu compte sur-le-champ aux colonels des légions, en suivant la hiérarchie des grades, de toutes les punitions, de leurs motifs, et des réclamations auxquelles elles ont pu donner lieu. Chaque trimestre, un extrait de ces rapports est adressé par les colonels au ministre de la guerre.

Règles particulières.

263.

Les commandans de compagnie doivent tenir sévèrement la main à ce que leurs subordonnés ne se livrent point à des dépenses qui les mettraient dans le cas de contracter des dettes; celles qui auraient pour objet la subsistance des hommes ou des fournitures relatives au service, seront payées au moyen d'une retenue, jusqu'à concurrence du cinquième de la solde proprement dite.

Ces retenues sont ordonnées par les colonels des légions, indépendamment des punitions de discipline qu'ils croient devoir prononcer.

264.

Tout officier de gendarmerie qui, s'étant laissé poursuivre judiciairement pour dettes contractées par billets, lettres de change, obligations ou mémoires arrêtés par lui, aura été condamné par jugement définitif, ne pourra rester au service si, dans le délai de deux mois, il ne satisfait pas à ses engagemens : dans ce cas, le jugement porté contre lui équivaudra, après ce délai, à une démission précise de son emploi.

265.

L'habitude de s'enivrer, quand bien même elle ne serait pas accompagnée de circonstances aggravantes, suffit pour motiver l'exclusion du corps de la gendarmerie : en conséquence, tout militaire de ce corps qui a subi des punitions de discipline à trois reprises différentes pour cause d'ivrognerie, peut être réformé.

266.

Si, pour des faits particuliers à l'administration des compagnies de gendarmerie, les intendans ou sous-intendans militaires qui en ont la police, avaient des punitions à imposer aux présidens des conseils d'administration et aux trésoriers, ils en formeraient la demande au colonel de la légion, qui sera tenu de les ordonner et de les faire subir.

267.

Le commandant de chaque compagnie tient le registre de discipline, sur lequel il inscrit les actions remarquables, les opérations importantes, les fautes commises et les punitions infligées. Un extrait de ce registre est adressé chaque mois au colonel de la légion.

268.

Lors de leurs revues, les inspecteurs généraux de la gendarmerie se font représenter les registres de discipline ; ils peuvent les rectifier d'après les renseignemens particuliers qu'ils ont recueillis.

269.

S'ils reconnaissent que des officiers, sous-officiers ou gendarmes ont subi des punitions de discipline réitérées, ils adressent au ministre de la guerre leur rapport sur ceux de ces militaires qui ne leur paraissent pas susceptibles d'être maintenus dans le corps de la gendarmerie, ou qu'il conviendrait de soumettre à des changemens de résidence.

270.

Les inspecteurs généraux de la gendarmerie peuvent décerner des éloges publics aux officiers, sous-officiers et gendarmes qui les ont mérités par leur conduite et leurs services ; mais ils ne font de réprimandes qu'en particulier, ou, s'il est nécessaire, en présence de la troupe seule.

Ordre intérieur.

271.

Les officiers de tout grade de la gendarmerie royale ne peuvent se marier sans en avoir obtenu la permission du ministre de la guerre.

272.

Les sous-officiers et gendarmes ne peuvent également se marier sans en avoir obtenu la permission du commandant de la compagnie, approuvée par le colonel de la légion.

Dans le cas où cet officier supérieur croirait devoir refuser son consentement, il est tenu d'en faire connaître les motifs au ministre de la guerre, qui prononce définitivement.

273.

Les maréchaux-des-logis, brigadiers et gendarmes logent dans les casernes ou maisons qui en tiennent lieu ; ils ne peuvent découcher que pour objet de service. A moins que les circonstances n'exigent l'emploi de la brigade toute entière, il y a toujours un gendarme de garde à la caserne.

274.

Les femmes et les enfans des sous-officiers et gendarmes peuvent habiter les casernes : ils doivent y tenir une conduite régulière, sous peine d'en être renvoyés d'après les ordres du colonel de la légion.

275.

Aucun sous-officier ou gendarme ne peut faire commerce, tenir cabaret, ni exercer aucun métier ou profession ; les femmes ne peuvent également, dans la résidence de leur mari, tenir cabaret, billard, café ou tabagie.

276.

Hors le cas de service, les maréchaux-des-logis, brigadiers et gendarmes sont tenus de rentrer à la caserne, à neuf heures du soir en hiver, et à onze heures en été.

277.

Les gendarmes ne peuvent s'absenter de la caserne sans en prévenir le commandant de la brigade, et sans lui dire où ils vont, afin qu'on puisse les trouver au besoin : il leur est enjoint d'être constamment dans une bonne tenue militaire.

278.

Les maréchaux-des-logis et brigadiers surveillent l'intérieur des casernes ; ils ont soin de les faire entretenir dans le meilleur état de propreté, et ils empêchent qu'il n'y soit commis des dégradations.

279.

Autant que le service le permet, les chevaux sont pansés à la même heure : les commandans de brigade sont présens au pansage, ainsi qu'aux distributions ; ils sont responsables des négligences ou abus qu'ils auraient tolérés.

280.

Les gendarmes commandés pour un service ne doivent jamais partir de la caserne avant que le chef de la brigade ait fait l'inspection des hommes, des chevaux et des armes. Au retour, la même inspection est faite pour voir si les hommes rentrent dans une bonne tenue, et si les chevaux n'ont pas été surmenés.

Remontes.

281.

Tout militaire qui sera admis dans l'arme à cheval de la gendarmerie, devra se pourvoir, à ses frais, d'un cheval de l'âge de cinq ans au moins et de huit ans au plus, de la taille d'un mètre 516 millimètres sous potence ; à tous crins, noir, bai ou alezan ; qui soit bien tourné et d'un bon service.

282.

Les chevaux seront reçus par le conseil d'administration, qui ne pourra les admettre s'ils ne réunissent les qualités ci-dessus. Les marchés devront toujours stipuler les garanties à exiger pour les cas redhibitoires. Aussitôt après leur réception, les chevaux seront signalés sur les contrôles de la compagnie, et les fourrages seront fournis par les magasins des brigades.

283.

Il ne doit être admis dans la gendarmerie ni chevaux entiers ni jumens.

284.

Les officiers de tout grade de la gendarmerie, à l'exception des trésoriers, dont le service est sédentaire, sont tenus d'être constamment pourvus d'un cheval d'escadron. S'ils restent démontés au-delà d'un mois, ils éprouvent sur leur traitement la retenue d'un franc par jour ; et s'ils ne sont pas remontés dans le délai de trois mois , ils sont censés démissionnaires.

285.

Toutes les fois qu'un sous-officier ou gendarme sera démonté , il devra , dans le délai d'un mois, présenter un cheval ayant les qualités requises ; passé ce temps , il sera pourvu à sa remonte par les soins du conseil d'administration.

286.

Dans l'intervalle des inspections , aucun sous-officier ou gendarme ne pourra vendre ni échanger son cheval.

Cependant, si de puissantes considérations nécessitaient la prompte réforme d'un cheval , le colonel de la légion , sur la demande du lieutenant , et d'après l'avis du commandant de la compagnie , pourra autoriser l'échange ou la vente : mais, à la prochaine revue, il en sera rendu compte à l'inspecteur général , qui vérifiera l'exactitude des motif d'urgence ; et s'il y a eu abus , il en sera fait un rapport spécial à notre ministre de la guerre.

287.

Le prix des chevaux vendus, soit d'après la réforme ordonnée par l'inspecteur général , soit d'après l'autorisation du colonel de la légion , sera versé dans la caisse du conseil d'administration , pour servir , par forme d'à-compte, au paiement des chevaux de remonte.

288.

Il est expressément défendu aux sous-officiers et gendarmes de prêter leurs chevaux , ou de les employer à tout autre usage que pour le service : ceux qui contreviendraient à cette défense , seront punis ; ils encourront la réforme lorsqu'il y aura récidive.

289.

Les commandans de brigade veilleront à ce que les chevaux des gendarmes absens ou malades reçoivent les soins convenables ; ils les feront promener, et pourront les employer pour le service : dans ce cas , le gendarme qui montera le cheval d'un homme absent ou malade , sera responsable des accidens qui proviendraient de sa négligence , de défaut de soin ou de ménagement. Lorsque ce gendarme rentrera à la caserne, il devra en prévenir sur-le-champ le commandant de la brigade , pour que celui-ci inspecte le cheval avant qu'il soit conduit à l'écurie.

290.

Les sous-officiers et gendarmes qui quitteront le corps, ne pourront disposer de leurs chevaux qu'avec l'agrément du conseil d'administration de la compagnie. Dans le cas où ce conseil croirait que le cheval dût être conservé et passer à un autre gendarme, la valeur en sera fixée par des experts qui seront nommés par les parties intéressées, et le prix en sera remis comptant au gendarme cessionnaire, s'il se trouve ne rien devoir à la masse de compagnie.

Les chevaux des sous-officiers et gendarmes décédés pourront être également conservés ; le prix en sera réglé par des experts, et remis, s'il y a lieu, aux héritiers.

Démissions et Congés.

291.

Les militaires qui, après être libérés du service, ont obtenu leur admission dans la gendarmerie, peuvent demander leur démission à l'époque des revues ; ces demandes sont examinées par l'inspecteur général, et transmises au ministre de la guerre, qui prononce définitivement.

Toutefois, si, dans l'intervalle des inspections, quelques-uns de ces militaires justifiaient que de puissans motifs les forcent à se retirer de la gendarmerie, les demandes qu'ils adressent par la voie hiérarchique au colonel de la légion, sont soumises, avec les observations de cet officier supérieur, au ministre de la guerre, qui accorde les démissions, s'il y a lieu.

292.

Les sous-officiers et gendarmes qui ne conviennent pas au service de la gendarmerie, sont congédiés ou réformés purement et simplement par le ministre de la guerre.

Les congés de réforme et les congés absolus sont expédiés d'après ses ordres.

293.

Le ministre de la guerre, sur la proposition des colonels de légion, accorde, s'il le juge convenable, des congés limités avec demi-solde aux officiers, sous-officiers et gendarmes, pour leurs affaires personnelles. La durée de ces congés ne peut excéder trois mois.

Si des affaires urgentes exigeaient que des officiers, sous-officiers ou gendarmes s'absentassent pour huit jours au plus, les colonels de légion peuvent accorder les permissions nécessaires, à la charge d'en rendre compte sur-le-champ au ministre de la guerre.

Changement de résidence.

294.

Les changemens de résidence peuvent être ordonnés, soit dans l'intérêt du service, soit pour l'avantage personnel des officiers, sous-officiers et gendarmes : le ministre de la guerre prononce seul sur ces changemens.

Dispositions générales.

295.

Une des principales obligations de la gendarmerie royale étant de veiller à la sûreté individuelle, elle doit assistance à toute personne qui réclame son secours dans un moment de danger. Tout militaire du corps de la gendarmerie qui ne satisferait pas à cette obligation, lorsqu'il en aurait la possibilité, se constituerait en état de prévarication dans l'exercice de ses fonctions.

296.

Tout acte de la gendarmerie qui troublerait les citoyens dans l'exercice de leur liberté individuelle, est un abus de pouvoir. Les officiers, sous-officiers et gendarmes qui s'en rendraient coupables, encourront leur réforme, indépendamment des poursuites judiciaires qui seraient exercées contre eux.

297.

Hors le cas de flagrant délit déterminé par les lois, la gendarmerie ne peut arrêter aucun individu, si ce n'est en vertu d'un ordre ou d'un mandat délivré par l'autorité compétente. Tout officier, sous-officier ou gendarme qui, en contravention à cette disposition, donne, signe, exécute ou fait exécuter l'ordre d'arrêter un individu, ou l'arrête effectivement, est poursuivi judiciairement et puni comme coupable de détention arbitraire.

298.

Les mêmes peines ont lieu contre tout militaire du corps de la gendarmerie qui, même dans le cas d'arrestation pour flagrant délit, ou dans tous les autres cas autorisés par les lois, conduirait ou retiendrait un individu dans un lieu de détention non légalement et publiquement désigné par l'autorité administrative pour servir de maison d'arrêt, de justice ou de prison.

299.

Tout individu arrêté en flagrant délit par la gendarmerie dans les cas déterminés par l'article 179 de la présente ordonnance, et contre lequel il n'est point intervenu de mandat d'arrêt ou un jugement de condamnation à des peines en matière correctionnelle ou criminelle, est conduit à l'instant devant l'officier de police; il ne peut être transféré ensuite dans une maison d'arrêt ou de justice qu'en vertu du mandat délivré par l'officier de police.

300.

Dans le cas seulement où, par l'effet de l'absence de l'officier de police, le prévenu arrêté en *flagrant délit* ne pourrait être entendu immédiatement après l'arrestation, il peut être déposé dans l'une des salles de la mairie, où il est gardé à vue jusqu'à ce qu'il puisse être conduit devant l'officier de police; mais, sous quelque prétexte que ce soit, cette conduite ne peut être différée au-delà de vingt-quatre heures. L'officier, sous-officier ou gendarme qui aurait retenu plus long-temps le prévenu sans le faire comparaître devant l'officier de police, sera poursuivi comme coupable de détention arbitraire.

301.

Tout individu qui outrage ou menace les militaires du corps de la gendarmerie dans l'exercice de leurs fonctions, est arrêté et traduit devant l'officier de police de l'arrondissement pour être jugé et puni selon la rigueur des lois.

302.

Si la gendarmerie est attaquée dans l'exercice de ses fonctions, elle requiert, *de par la loi*, l'assistance des citoyens présens, à l'effet de lui prêter main-forte, tant pour repousser les attaques dirigées contre elle que pour assurer l'exécution des réquisitions et ordres dont elle est chargée.

303.

Les militaires de la gendarmerie, *requis*, soit pour assurer l'exécution de la loi, des jugemens, ordonnances, mandemens de justice ou de police, soit pour dissiper des émeutes populaires ou attroupemens séditieux, soit pour en saisir les chefs, auteurs et fauteurs, ne peuvent déployer la force des armes que dans les deux cas suivans :

Le premier, si des violences ou voies de fait sont exercées contre eux;

Le second, s'ils ne peuvent défendre autrement le terrain qu'ils occupent,

les postes ou les personnes qui leur seraient confiés, ou enfin si la résistance
était telle, qu'elle ne pût être vaincue autrement que par le développement
de la force des armes.

304.

Dans le cas d'émeute populaire, et lorsque la résistance ne peut être
vaincue que par la force des armes, la gendarmerie n'en fait usage qu'après
que l'autorité administrative du lieu a sommé, *de par la loi*, les personnes
attroupées de se retirer paisiblement.

Après cette sommation trois fois réitérée, si la résistance continue, la force
des armes est à l'instant déployée contre les séditieux, sans aucune responsabilité des événemens ; et ceux qui peuvent être saisis ensuite, sont livrés
aux officiers de police pour être jugés et punis selon la rigueur des lois.
Enfin, à défaut et en cas d'absence de l'autorité locale, la gendarmerie,
après avoir épuisé tous les moyens de persuasion, et après trois sommations
de par la loi, est autorisée à vaincre la résistance par la force des armes, sans
être responsable des événemens.

305.

Lorsqu'une émeute populaire prend un caractère et un accroissement tels,
que la gendarmerie se trouverait trop faible pour vaincre la résistance par
la force des armes, elle dresse procès-verbal, dans lequel elle signale les chefs,
auteurs et fauteurs de la sédition.

306.

Les militaires du corps de la gendarmerie qui refuseraient d'obtempérer aux
réquisitions légales de l'autorité civile, seront réformés, d'après le compte qui
en sera rendu au ministre de la guerre, sans préjudice des peines dont ils
pourraient être passibles, si par suite de leur refus la sûreté publique avait été
compromise.

307.

Toutes les fois que la gendarmerie est requise pour une opération quelconque,
elle en dresse procès-verbal, même en cas de non-réussite, pour constater son
transport et ses recherches.

308.

Les procès-verbaux des sous-officiers et gendarmes sont faits sur papier libre :
ceux de ces actes qui seraient de nature à donner lieu à des poursuites judiciaires,

sont préalablement enregistrés en débet ou *gratis*, suivant les distinctions établies par la loi du 22 frimaire an VII et notre ordonnance du 22 mai 1816.

Ils seront présentés à la formalité par les gendarmes, lorsqu'il se trouvera un bureau d'enregistrement dans le lieu de leur résidence; dans le cas contraire, l'enregistrement aura lieu à la diligence du ministère public chargé des poursuites.

309.

Les gardes forestiers étant appelés à concourir, au besoin, avec la gendarmerie, au maintien de l'ordre et de la tranquillité publique, et les brigades de la gendarmerie devant prêter main-forte pour la répression des délits forestiers, les inspecteurs ou sous-inspecteurs des eaux et forêts et les commandans de la gendarmerie se donnent réciproquement connaissance des lieux de résidence des gardes forestiers et des brigades et postes de gendarmerie, pour assurer de concert l'exécution des mesures et des réquisitions, toutes les fois qu'ils doivent agir simultanément.

310.

Les gardes champêtres des communes sont placés sous la surveillance des commandans des brigades de gendarmerie, qui tiennent un registre particulier sur lequel ils inscrivent les noms, l'âge et le domicile de ces gardes champêtres.

311.

Les officiers et sous-officiers de gendarmerie s'assurent dans leurs tournées, si les gardes champêtres remplissent bien les fonctions dont ils sont chargés; ils donnent connaissance aux sous-préfets de ce qu'ils ont appris sur la conduite et le zèle de chacun d'eux.

312.

Dans des cas urgens, ou pour des objets importans, les sous-officiers de gendarmerie peuvent mettre en réquisition les gardes champêtres d'un canton; et les officiers, ceux d'un arrondissement, soit pour les seconder dans l'exécution des ordres qu'ils ont reçus, soit pour le maintien de la police et de la tranquillité publique; mais ils sont tenus de donner avis de cette réquisition aux maires et aux sous-préfets, et de leur en faire connaître les motifs généraux.

313.

Les officiers et sous-officiers de gendarmerie adressent, au besoin, aux maires, pour être remis aux gardes champêtres, le signalement des individus qu'ils ont l'ordre d'arrêter.

314.

Les gardes champêtres sont tenus d'informer les maires, et ceux-ci les officiers, sous-officiers de gendarmerie, de tout ce qu'ils découvrent de contraire au maintien de l'ordre et de la tranquillité publique ; ils leur donnent avis de tous les délits qui ont été commis dans leurs territoires respectifs.

315.

Les officiers, sous-officiers et gendarmes sont exempts des droits de péage et de passage de bacs, ainsi que les voitures, chevaux et personnes qui marchent sous leur escorte.

316.

Les militaires de tout grade de la gendarmerie qui, d'après les réglemens, jouissent de la franchise et du contre-seing des lettres, et qui abuseraient de cette franchise pour une correspondance étrangère à leurs fonctions, seront envoyés dans un autre département, et, en cas de récidive, ils encourront la réforme.

317

La gendarmerie ne peut être distraite de ses fonctions pour servir d'ordonnance ni pour être employée à des services personnels ; les officiers de gendarmerie ne peuvent non plus, pour les devoirs qui leur sont propres, interrompre les tours de service d'aucun sous-officier ou gendarme. Il est rendu compte au ministre de la guerre, de toute contravention à cette défense.

318.

Les demandes ou les réclamations que les militaires de la gendarmerie sont dans le cas d'adresser au ministre de la guerre, doivent lui parvenir, savoir : pour ce qui concerne le personnel, par les colonels des légions ; et pour les réclamations relatives à des pertes ou à d'autres objets administratifs, par le conseil d'administration de la compagnie à laquelle l'homme appartient.

Seulement, en cas de déni de justice, les militaires du corps de la gendarmerie peuvent réclamer directement au ministre de la guerre le redressement des griefs ou des abus dont ils auraient à se plaindre. Ils joignent à leur réclamation toutes les pièces justificatives, pour qu'il y soit fait droit, s'il y a lieu.

319.

Les corps de la gendarmerie d'élite et de la gendarmerie royale de Paris conservent, à raison de la spécialité de leur service, la constitution particulière qui leur a été donnée par nos ordonnances.

Ils sont soumis d'ailleurs aux règles établies par la présente ordonnance, pour la police et la discipline de la gendarmerie.

320.

Nos ministres sont chargés, chacun en ce qui le concerne, de l'exécution de la présente ordonnance, qui sera insérée au bulletin des lois.

Donné en notre château des Tuileries, le 29 Octobre de l'an de grâce 1820, et de notre règne le vingt-sixième.

Signé LOUIS.

Par le Roi :

Le Ministre Secrétaire d'état de la guerre,

Signé MARQUIS V. DE LA TOUR-MAUBOURG.

TABLE DES SOMMAIRES

De l'Ordonnance du Roi portant Réglement sur le service de la Gendarmerie.

PREMIÈRE PARTIE.

CHAPITRE PREMIER.

CHAPITRE II.

DU PERSONNEL.

DEUXIÈME PARTIE.

CHAPITRE PREMIER.

DES RAPPORTS DE LA GENDARMERIE AVEC LES DIFFÉRENTES AUTORITÉS.

RAPPORTS DE LA GENDARMERIE AVEC LES AUTORITÉS JUDICIAIRES, ADMINISTRATIVES ET MILITAIRES.

CHAPITRE II.

DU SERVICE.

FONCTIONS DES OFFICIERS DE TOUS GRADES.

DES COMPAGNIES DE GENDARMERIE PRÈS LES PORTS ET ARSENAUX.

CHAPITRE III.

POLICE ET DISCIPLINE, ORDRE INTÉRIEUR.

FIN DE LA TABLE.

MODÈLES

DES REGISTRES, CONTRÔLES ET ÉTATS

PRESCRITS

PAR L'ORDONNANCE DU ROI

DU 29 OCTOBRE 1820,

SUR LE SERVICE DE LA GENDARMERIE.

.ᵉ LEGION.

Compagnie

d

GENDARMERIE ROYALE.

MODÈLE Nᵒ. 1.

(En exécution des articles 9, 10, 11, 12 et 13, de l'ordonnance du 29 oct. 1820.

Mémoire de Proposition pour l'admission à un emploi de Gendarme à (1) en faveur du Sʳ. (2)

fils de   *et de*   *, né à*

Dépᵗ. d   *le (3)*

DÉTAILS des services et position actuelle du militaire. (4).	
Taille. (5).	
Constitution. (6).	
Instruction. (7).	
Conduite. (8).	
Moyens pécuniaires pour la remonte et l'équipement.	
BRIGADE pour laquelle le militaire est proposé, et motifs de la vacance de l'emploi.	

Vérifié et certifié par le Commandant de la Compagnie de Gendarmerie d

A   *le*

(1) Indiquer l'arme, (à cheval ou à pied).
(2) Écrire les noms et prénoms du militaire et des père et mère, d'après les pièces les plus authentiques.
(3) Ne pas omettre l'envoi au Ministère de l'acte de naissance.
(4) Faire connaître exactement les Corps où il a servi, les grades, les dates précises d'entrée et de sortie, la quotité des services effectifs, les campagnes et blessures. Le congé, ainsi que toutes pièces justificatives des services, devront être adressés en original.
(5) Le militaire devra être toisé au moment de la présentation.
(6) Il devra être reconnu, par deux officiers de santé, propre au service militaire. Le certificat de visite sera joint au Mémoire de proposition.
(7) Le commandant de la compagnie indiquera si le militaire sait lire et écrire correctement, et donnera l'analyse des renseignemens qu'il aura recueillis sur sa capacité.
(8) Les attestations de bonne conduite produites par ce militaire seront envoyées au Ministre.

Nota. Le même modèle servira pour les propositions d'admission aux emplois de Brigadiers en faveur des Adjudans, Sergens-majors et Maréchaux-des-Logis Chefs de la ligne, qui remplissent les conditions prescrites par l'article 14.

(Au verso). *Opinion du Chef de Légion sur la demande d'admission.*

INSPECTION DE 182

LÉGION.

COMPAGNIE

d   e

LISTE *des Gendarmes présentés dans la Lieutenance d   pour les emplois de Brigadier.*

MODÈLE Nº. 2.

(Exécution de l'article 18 de l'ord. du 29 octobre 1820.)

Nº du Contrôle.	NOMS ET PRÉNOMS.	BRIGADES.	Indicat. de l'arme.		DATES ET LIEUX de Naissance. *Nota. Indiquer si le Candidat est marié, célibataire ou veuf, et le nombre de ses enfans.*	Époque de l'admission dans la Gendarmerie.	DÉTAILS des services antérieurs, campagnes et blessures.	MOTIFS de la désignation par le Lieutenant.	NOTES particulières du Commandant de la Compagnie.	OPINION	
			à cheval.	à pied.						du Chef de la Légion.	de l'Inspecteur général.

INSPECTION DE 182

LÉGION.

COMPAGNIE

d

LISTE *des Brigadiers présentés dans la Lieutenance d   pour les emplois de Maréchal-des-logis.*

MODÈLE Nº. 3.

(Exécution de l'article 18 de l'ord. du 29 octobre 1820.)

Nº du Contrôle.	NOMS ET PRÉNOMS.	BRIGADES.	Indicat. de l'arme.		DATES ET LIEUX de Naissance. *Nota. Indiquer si le Candidat est célibataire, marié ou veuf, et le nombre de ses enfans.*	Époque de l'admission ou l'emploi de Brigadier dans la Gendarmerie.	DÉTAILS des services antérieurs, campagnes et blessures.	MOTIFS de la désignation par le Lieutenant.	NOTES particulières du Commandant de la Compagnie.	OPINION	
			à cheval.	à pied.						du Chef de la Légion.	de l'Inspecteur général.

INSPECTION DE 18²

LÉGION.

COMPAGNIE

d

Liste des Maréchaux-des-logis présentés dans la Compagnie d pour le grade de Sous-Lieutenant.

MODÈLE N°. 4.

(Exécution de l'article 18 de l'ord. du 29 octobre 1820.

N°. du Contrôle.	NOMS ET PRÉNOMS.	BRIGADES.	Indic^{on}. de l'arme.		DATES ET LIEUX du Naissance. *Nota.* Indiquer si le Candidat est célibataire, marié ou veuf, et le nombre de ses enfans.	Époque de la nomination à l'emploi de Mar.-des-Logis dans la Gendarmerie.	DÉTAILS des services antérieurs, campagnes et blessures.	MOTIFS de la désignation par le Commandant de la Compag^{ie}.	NOTES particulières du Chef de Légion.	OPINION de l'Inspecteur général.	observations.
			à cheval.	à pied.							

INSPECTION DE 18²

LÉGION.

COMPAGNIE

d

Désignation d'un Lieutenant ou Sous-Lieutenant Commandant une Lieutenance, ou d'un Maréchal-des-Logis susceptible d'avancement, présenté dans la Compagnie d pour l'emploi de Trésorier.

MODÈLE N°. 5.

(Exécution de l'art. 21 de l'ordonnance du 29 octobre 1820.)

NOM ET PRÉNOMS.	DATE ET LIEU de Naissance. *Nota.* Indiquer si le Candidat est célibataire, marié ou veuf, et le nombre de ses enfans.	GRADE ET RÉSIDENCE.	Époque de la nomination dans le grade actuel et dans la Gendarmerie.	DÉTAILS des services antérieurs, campagnes et blessures.	MOTIFS de la désignation faite par le Commandant de la Compagnie et le Chef de la Légion.	ANALYSE de la délibération prise en Conseil d'administration, sur le Candidat désigné.	AVIS MOTIVÉ du Sous-Intendant militaire ayant la police administrative de la Cie et présent à la séance.	OPINION de l'Inspecteur général.

12*

GENDARMERIE ROYALE.

MODÈLE No. 6.
(Exécution de l'article 27
de l'ord. du 29 octobre
1820.)

Inspection de 182   dans les   Légions.

DÉSIGNATION faite par l'Inspecteur général M.   *d'un Chef d'Escadron,*
de deux Capitaines et de quatre Lieutenans, pour les emplois au choix du Roi, réservés à
l'avancement des Officiers du Corps. (*).

Indices des		NOMS ET PRÉNOMS.	DATES et lieux de naissance.	GRADES et résidences.	ÉPOQUES de la nomination à ces grades,		QUOTITÉ des services effectifs, Campagnes et Blessures.	RAPPORTS PARTICULIERS de l'Inspecteur général sur le mérite personnel de chaque candidat et ses droits à la préférence pour l'avancement.	Observations.
Légions.	Compagnies.				dans la Ligne.	dans la Gendarmerie.			

(*) Les Officiers comme Candidats doivent avoir plus de 4 ans d'activité dans leur grade et dans la gendarmerie.

ᵉ. DIVISION MILITAIRE.

DÉPARTEMENT

d

ANNÉE 182

Mois d

ᵉ. LÉGION.

ÉTAT de Situation de la Compagnie de Gendarmerie du Département d   au   182

MODÈLE Nᵒ. 7.
(Exécution de l'article 39 de l'ord. du 29 octobre 1820.)

Nota. Les Commandans des Compagnies adressent régulièrement le 1ᵉʳ. du mois les Situations au Chef de la Légion, qui les réunit et en fait un seul envoi au Ministre, dans les dix premiers jours de chaque mois, au plus tard.

DÉTAILS de la composition au complet et désignation des Grades.	PRÉSENS			DÉTACHÉS.	ABSENS			Effectif qui se compose des présens, des détachés et des absens.	Manque au complet.	Excédant du complet.	CHEVAUX.	
	à la résidence et y faisant le service.	faisant le service hors de la résidence, mais dans le Département.	Total des présens sous le Département et faisant le service.		pour maladie.	en congé ou en permission.	détenus.				EFFECTIF.	MANQUE au complet.
OFFICIERS de la Compagnie. — Chef de Légion / Chef d'Escadr. / Capitaine.... / Lieutenans.... / Sous-lieutenans. / Trésorier												
BRIGADES à cheval. Nombre — Mar.-des-Logis. / Brigadiers... / Gendarmes... / Trompettes...												
BRIGADES à pied. Nombre — Mar.-des-Logis / Brigadiers... / Gendarmes...												
TOTAUX...												

ÉTAT NUMERIQUE des Sous-Officiers et Gendarmes de diverses Compagnies détachés en service extraordinaire dans celle-ci.

TITULAIRES DES		GRADES.	ARME	
Légions.	Compagnies.		à cheval.	à pied.
		Totaux.		

L'Effectif des Officiers, Sous-Officiers et Gendarmes était au   . . . .

GRADES.	à pied.	à cheval.
Arrivés pendant le mois.		
Perte		
Reste		

Certifié par les Membres du Conseil d'Administration.
A   le

ÉTAT NOMINATIF du MM. les Officiers de cette Compagnie.

NOMS ET PRÉNOMS.	GRADES.	RÉSIDENCES.	OBSERVATIONS.

MUTATIONS survenues .   182

NOMS ET PRÉNOMS.	GRADES.	RÉSIDENCES.	DÉTAIL DES MUTATIONS.
			1. Admissions et avancemens. ——————————— Les dates des lettres de service et de l'entrée en fonctions.
			2. Changemens de résidence dans les Compagnies. —— des ordres de changemens et époques d'arrivée dans les résidences assignées.
			3. Permissions et congés limités. —————— du départ de la résidence, durée des congés et époque du retour.
			4. Détachés en service extraord. hors le Département. —— du départ de la résidence, et lieux où ils sont employés extraordin.
			5. Aux hôpitaux ou en détention. ——————— d'entrée et de sortie, de mise en liberté ou de condamnation.
			6. Lettres de passe pour d'autres Compagnies ou pour des Corps de la ligne, ——————— des lettres et de la notification; les époq. de la radiation du contrôle.
			7. Réformes, congés absolus, retraites et démissions. —— des décisions et de la cessation d'activité.
			8. Décès, ————————————— du décès avec l'indication du lieu et de l'hôpital.
			9. Pertes et remplacemens de chevaux. —————— de la perte des chevaux et de la remonte des hommes.

Vu, vérifié et transmis par moi Chef de
Légion soussigné.

A   le

. LÉGION.

COMPAGNIE

d

AN 182

Mois d

(*)

Rapport spécial du Service des brigades pour la recherche des Déserteurs signalés par le Ministre et par les corps de l'armée; et pour la rentrée des Militaires sous leurs Drapeaux.

MODÈLE N°. 5.

(Exécution de l'article 40 de l'ord. du 29 octobre 1820.)

Dates des envois.	Numéro des Signalemens.	NOMS ET PRÉNOMS des DÉSERTEURS.	LIEUX de naissance et département.	CORPS AUXQUELS ils appartiennent.	DATES de la désertion.	RÉSULTATS des recherches dirigées par la gendarmerie.	Observations.

Certifié le présent État véritable par moi Commandant la Gendarmerie Royale du Département d   A   le   182

Vu et transmis par moi, chef de la Légion, soussigné.

A   le

(*) *Nota.* Ce rapport et tous autres Comptes relatifs aux Déserteurs doivent être timbrés en marge : *Bureau de la justice militaire*, et adressés au ministère de la guerre, en évitant de les confondre avec d'autres envois.

Les registres des Déserteurs signalés seront établis avec les mêmes têtes.

ATTRIBUTIONS du Mre. de la Guerre.

Rapport du Chef de Légion.

. TRIMESTRE 18

e. LÉGION.

Résumé des Opérations importantes et des Faits qui ont motivé des propositions de récompenses et de punitions, et Extrait des rapports parvenus au chef de la Légion, sur la police, la discipline et l'ordre intérieur des compagnies, pendant le mois d

Nota. Ce rapport, pour les Sous-Officiers et Gendarmes, sera adressé par le Colonel au Ministre, dans les dix premiers jours des mois d'Avril, Juillet, Octobre et Janvier. En ce qui concerne les Officiers, les rapports seront établis séparément, en suivant ce modèle, et envoyés aux mêmes époques.

MODÈLE N°. 9.

(Exécution des art. 30, 47, 262 et 267 de l'ordon. du 29 octobre 1820.)

COMPAGNIES.	N°. du Contrôle.	NOMS ET PRÉNOMS.	GRADES.	RÉSIDENCE.	(*) Notes individuelles sur les Sous-Officiers et Gend.		PROPOSITIONS du Colonel, ou décisions qui seraient déjà intervenues.	OBSERVATIONS GÉNÉRALES sur les compagnies de la légion, sur les rapports de la subordination, de la discipline et de la tenue, de l'exécution du service et de la stricte exécution de tous les travaux imposés à l'arme.
					Opérations importantes et actions remarquables qui donnent lieu à des éloges ou à des récompenses, soit d'avancement, en conformité du dernier paragraphe de l'art. 19, soit de gratifications ou d'indemnités pour les exploits obtenus par l'art. 47.	Négligences et fautes commises dans le service qui donnent lieu à des réprimandes ou à des punitions. Délits et crimes qui motivent la traduction devant les tribunaux ordinaires ou les Cons. de guerre.		

Certifié véritable, d'après les recensemens des Rapports mensuels des compagnies, par moi Chef de Légion soussigné.   A   le   182

(*) Indiquer les dates des Faits analysés dans ces deux colonnes, et faire connaître, pour les punitions infligées, leur nature et leur durée, ainsi que les réclamations qu'elles auraient occasionnées.

ATTRIBUTIONS
du Min. de l'Intérieur.

Rapport Mensuel.

e. LÉGION.

COMPAGNIE d

MOIS d

MODÈLE N°. 13.

(Exécution de l'article 41
de l'ord. du 29 octobre
1820.)

*RÉSUMÉ du service fait, des opérations exécutées
par les Brigades de la Gendarmerie d
et des événemens survenus pendant le mois d (1).*

QUOTITÉ DES ARRESTATIONS						NOMBRE d'individus		SERVICE		NOTIONS	Observations
en flagrant délit.	En vertu de mandemens de Justice.	De Mendians, Vagabonds, gens sans aveu et évadés des prisons et des bagnes.	d'Étrangers sans passe-ports.	des déserteurs de l'Armée de terre.	de la Marine.	Conduits de brigade en brigade, translatés dans les maisons d'arrêt, etc. ou dans les bagnes.	Remis soit des prisons, soit des maisons de la gendarmerie.	ORDINAIRE. À la résidence ou hors la résidence, surveillance, fêtes et réjouissances publiques, tournées, patrouilles, etc.	EXTRAORDINAIRE. À la résidence ou hors la résidence, rassemblement total ou partiel des brigades, escortes de déniers publics, etc.	sur les faits et événemens qui par leur nature auraient influé sur la tranquillité intérieure et l'ordre public.	du Chef de Légion.

*Récapitulation des arrestations faites pendant
le mois.*

Assassins. . . . .
Voleurs. . . . .
Perturbateurs du repos public. . . . . .
Embaucheurs. . . . .
Incendiaires, Chauffeurs, Garotteurs. . .
Arrêtés en vertu de Mandats de justice. . .
Évadés des { Maisons d'ar. ou de détention.
            { Bagnes. . . . .
Mendians, Vagabonds, Gens sans aveu. . .
Étrangers sous passe-port. . . . .
Déserteurs { de l'armée de terre. . . . .
           { de la marine. . . . . . .

TOTAL. . . .

*Vu, certifié et transmis par moi Chef de
la Légion sous-
signé.*

A   le

Certifié véritable, d'après le recensement des journaux et rapports de service, par moi   soussigné.

A   le

(1) Ce titre forme une page au 1er. recto.

e. **LÉGION.**

COMPAGNIE d

MODÈLE N°. 10 *bis.*
(Exécution de l'article 41 de l'ordon. du 29 octobre 1820.)

État des Arrestations opérées par la Compagnie de Gendarmerie royale du Département d   pendant le mois d

ARRESTATIONS.	DATES des Arrestations.	BRIGADES qui les ont opérées.	NOMS ET PRÉNOMS des Individus arrêtés.	LIEU de leur Naissance.	DÉPARTEMENT.	PROFESSIONS de ces INDIVIDUS ou Corps auxquels ils appartiennent, s'ils sont militaires.	MOTIFS de leur Arrestation.	INDICATION des lieux où ils ont été conduits.	OBSERVATIONS.

Certifié véritable par moi   Commandant la Compagnie soussigné.

Récapitulation à la 4e. page.

A.   le

ATTRIBUTIONS du Mre. de l'Intérieur.

Rapport Annuel.

e. **LÉGION.**

COMPAGNIE d

ANNÉE

MODÈLE N°. 11.
(Exécution de l'article 41 de l'ord. du 29 octobre 1820.)

Résumé général du Service fait, des Opérations exécutées par les Brigades de Gendarmerie d et des événemens survenus pendant l'année.

MOIS.	QUOTITÉ DES ARRESTATIONS.					NOMBRE d'individus		SERVICE		NOTIONS sur les faits et événemens qui par leur nature auraient influé sur la tranquillité intérieure et l'ordre public.	Observations du Chef de Légion.
	En vertu de mandemens de justice	De Mendians, Vagabonds, Gens sans aveu, et Evadés des prisons et des bagnes	d'Étrangers sans passe-ports	de la poste de terre	des déserteurs de la marine	Condamnés de brigades, à l'individu dans les maisons d'arrêt, de détention, correction, ou par les bagnes	Evadés soit des prisons, soit des mains de la gendarmerie	ORDINAIRE. À la résidence ou hors la résidence, aux foires, fêtes et cérémonies publiques, etc	EXTRAORDINAIRE. À la résidence ou hors la résidence, rassemblement total ou partiel des brigades par suite d'événemens publics, etc.		
Janvier											
Février											
Mars											
Avril											
Mai											
Juin											
Juillet											
Août											
Septembre											Vu, consolidé et transmis par moi Chef de la Légion soussigné. A le
Octobre											
Novembre											
Décembre											

Suit la Récapitulation, qui sera établie comme au Rapport Mensuel, n°. 10.

Certifié véritable, d'après le recensement des journaux et rapports de service, par moi   soussigné.

A.   le

ATTRIBUTIONS
du M^{re}. de la Justice.

Rapport Mensuel.

^e. **LÉGION.**

COMPAGNIE d

MOIS d

MODÈLE N°. 12.
(Exécution des articles 42 et 44 de l'ordon. du 29 octobre 1820.)

Rapport Analytique des opérations du Commandant et des Lieutenans de ladite Compagnie, dans l'exercice des fonctions d'officiers de police auxiliaires, pendant le mois d (1)

MOIS DE	DÉSIGNATION			RÉSULTAT des procédures instruites contre les prévenus.	TOTAL Des prévenus contre lesquels les Officiers de Gendarmerie ont décerné mandat d'amener, et qui, par suite, ont été mis en état d'arrestation, en vertu des mandats de l'autorité judiciaire.	OBSERVATIONS du Commandant de la Compagnie.
	des Officiers de la Gendarmerie Royale, qui ont opéré.	des Crimes et délits dont les recherches et les poursuites ont été faites par ces officiers. Noms des auteurs, fauteurs et complices de ces délits et crimes.	des Arrondissem. dans l'étendue desquels la Police judiciaire a été exercée par les Officiers de la gendarmerie.			

Certifié véritable, d'après le recensement des Procès-verbaux et des rapports déposés au secrétariat de la Compagnie, par moi   soussigné.

A   le   182

Vu et transmis par moi Chef de la Légion soussigné.

A   *le*

ATTRIBUTIONS
du M^{re}. de la Justice.

Rapport Annuel.

^e. **LÉGION.**

COMPAGNIE d

ANNÉE

MODÈLE N°. 13.
(Exécution des l'articles 42 et 44 de l'ord. du 29 octobre 1820.)

Résumé général du service et des opérations des Officiers de la Gendarmerie Royale du Département d   qui ont rempli les fonctions d'Officiers de police auxiliaires, pendant l'année (1)

MOIS.	DÉSIGNATION			TOTAL des individus amenés devant l'officier de pol. auxiliaire, et mis en état d'arrestation.	OBSERVATIONS	
	des Officiers de la Gendarm. royale qui ont opéré.	des arrondiss^{ns}., et de l'aut. judiciaire qui a délivré les commissions.	des prévenus contre lesquels les procédures ont été instruites.		du Commandant de la Compagnie.	du Chef de Légion.

Certifié véritable d'après les Procès-verbaux déposés au secrétariat de la Compagnie, et le recensement des Rapports mensuels, par moi   soussigné.

A   le   182

Vu par moi Chef de la   Légion soussigné.

A   *le*

(1) Ce titre forme une page au 1er. recto.

ATTRIBUTIONS
du Mre. de la Marine.

Rapport Mensuel.

e. **LÉGION.**

COMPAGNIE d

MOIS d

MODÈLE Nᵒ. 14.
(Exécution des articles 43
et 44 de l'ordon. du 29 octobre 1820.)

*ÉTAT des Arrestations de Marins et de Militaires
des troupes de la Marine, en état de désertion,
faites par la Compagnie de Gendarmerie du
Département d   pendant le mois d   (1)*

NOMS et PRÉNOMS des Marins arrêtés.	LEURS qualités.	SIGNALEMENT	INDICATION DU PORT		MOTIFS de l'arrestation.	DATE de l'arrestation.	NOMS, PRÉNOMS et Résidences des Sous-Officiers et Gendarmes qui ont fait l'arrestation.	OBSERVATIONS	
			auquel ils appartiennent.	vers lequel ils ont été dirigés.				du Commandant de la Compagnie.	du Colonel de la Légion.

Certifié véritable, d'après les rapports des Lieutenans
et le recensement des Procès-verbaux déposés au secrétariat de la Compagnie, par moi,   soussigné.
A   le   182

(1) Ce titre forme une page au 1ᵉʳ. recto.

Vu et transmis par moi Colonel de la
Légion soussigné.
A   le

Nota. Les rapports annuels établis dans la même forme,
contiendront tous les renseignemens déjà fournis dans
les rapports mensuels et les développemens que le chef
de la Légion croira utiles sur cette partie du service.

ATTRIBUTIONS
du Mtre. de la Marine.

Rapport Mensuel.

e. LÉGION.

COMPAGNIE d

MOIS d

MODÈLE No. 15.
(Exécution des articles 43 et
44 de l'ord. du 29 octobre
1820.)

*ÉTAT des Arrestations des Forçats évadés des bagnes
faites par la Compagnie de Gendarmerie d
pendant le mois d*

NOMS ET PRÉNOMS des Forçats arrêtés.	SIGNALEMENT.	INDICATION DU BAGNE		CIRCONSTANCES ET DATES de l'arrestation.	NOMS, PRÉNOMS ET RÉSIDENCES des Sous-officiers et Gendarmes qui ont fait l'arrestation.	OBSERVATIONS	
		d'où ils se sont évadés.	vers lequel ils ont été dirigés.			du Commandant de la Compagnie.	du Colonel de la Légion.

Certifié véritable, d'après les rapports des Lieutenans
et le recensement des Procès-verbaux déposés au secrétariat
de la Compagnie, par moi soussigné.

A le

Vu et transmis par moi Colonel de
la Légion soussigné.

A le

(*Même observation pour les Rapports
annuels d'Arrestations de Marins.*)

GENDARMERIE
ROYALE.

. LÉGION.

DÉPARTEMENT
d

Nota. Les noms, prénoms,
dates et lieux de naissance,
ainsi que les services militaires
ne doivent être inscrits que sur
la représentation d'actes civils
légalisés ou des brevets ou titres
originaux.

MODÈLE N°. 16.
(Exécution de l'art. 120 de
l'ord. du 29 octobre 1820.)

INSPECTION de 182

OFFICIERS.

REVUE INDIVIDUELLE.

RAPPORT PARTICULIER

Sur M.

qui s'est présenté à la Revue passée le

182

Noms et Prénoms. . .

Grade. . . . .

Résidence. . . . . .

Date et lieu de naissance.

DÉTAIL DES SERVICES

DÉTAIL DES SERVICES.

dans LES TROUPES DE LIGNE.	dans LA GENDARMERIE.	DATES		QUOTITÉ de de tous Services.			NOMBRE de Campagnes et Blessures.
		DES LETTRES de nomination, BREVETS ou Commissions.	de la CESSATION d'activité dans chaque Grade et dans chaque Corps.	Ans.	Mois.	Jours.	
			TOTAL . .				

DÉCORATIONS.

	GRADES.	DATES DES NOMINATIONS.
Dans l'Ordre royal et militaire de St.-Louis. .		
Dans l'Ordre royal de la Légion d'Honneur. .		

INSPECTION de 182

Instruction . . . .

Moralité . . . .

Principes . . . .

Fortune . . . .

S'il est marié ou non marié. . .

Physique . . . .

S'il est monté convenablement à à son grade et complètement habillé, équipé et armé. . . . . .

Signalement, qualité et prix du Cheval. . . . .

Opinion de l'Inspecteur général.

CERTIFIÉ par nous Inspecteur général de la Gendarmerie, chargé de l'Inspection de la   Légion.

A   le

MODÈLE N°. 17.
(Exécution de l'art. 120 de
l'ord. du 20 octobre 1820.)

GENDARMERIE ROYALE.

INSPECTION de 182

PERSONNEL.

e. LÉGION.

REVUE

DE LA COMPAGNIE DE GENDARMERIE

d

Passée par

Inspecteur général, le

Nota. Cette revue sera suivie selon l'ordre
des Lieutenances.

* BRIGADE à   d

* Indiquer l'arme et le lieu d'emplacement.

N°. DU CONTRÔLE.	NOMS ET PRÉNOMS des SOUS.-OFF. ET GEND. et INDICATION des Noms et Prénoms de leurs père et mère.	LIEUX, Départemens et Dates de Naissance. _Nota._ Indiquer si le militaire est célibataire, marié ou veuf, et le nombre de ses enfans.	TAILLE.	GRADE ET DATE de nomination à ce grade. _Nota._ On indiquera aussi dans cette colonne les sous-officiers et gendarmes qui ont obtenu la décoration de la légion d'honneur, et l'on fera connaître la date de leur nomination dans cet ordre.	DÉTAILS DES SERVICES, CAMPAGNES ET BLESSURES. _Nota._ Indiquer exactement les différens corps avec les dates précises d'entrée et de sortie, les grades successivement obtenus et le temps de campagnes. Pour les blessures reciter les affaires et les époques où elles ont été reçues. On mettra le plus grand soin à désigner si le militaire a été appelé au service par la loi du recrutement et à quelle époque.		Qu
					dans les Troupes de ligne.	dans la Gendarmerie.	ef

UTENANCE d

	SIGNES INDICATIFS des				SITUATION FINANCIÈRE des Sous-Officiers et Gendarmes.			CHEVAUX.					OBSERVATIONS sur les mutations des Sous-Officiers et Gendarmes.
	Ch.	C.S.	Réf.	Ret.	AVOIR à la Masse.	DÉBET à la Masse.	SOMMES dues (à la Compagnie) où ils servaient précédemment.	leur signalem.t et de quelle qualité ils sont	Dates et prix d'acquisition	Prix de l'estimation à l'époque de la revue.	à conserver C.	à réformer R.	

Suite de la BRIGADE à   d

La tête cor...

RENSEIGNEMENS PARTICULI...

Indiquer quelle est la population de la résidence, et la distance de la brigade au chef-lieu de la Lieutenance ; Si la brigade est placée dans dans un chef-lieu de canton, et s'il y a un gîte d'étape, un hôpital, une prison.	Circonscription de la brigade et dénombrement des communes, grandes routes, forêts et établissemens qui doivent être surveillés et visités habituellement.					De corresp...
	Communes avec indication du nombre des foires et marchés qui s'y tiennent.	Foires	Marchés.	Distances de ces communes à la résidence de la brigade.	grandes routes et forêts.	Etablissemens publics et particuliers.	Désignation ... gades de la même ... pagnie et des ... meut limitrop... lesquelles elles ...

UTENANCE d

autre part.

BRIGADE. (Exécution des articles 194 et 195 de l'ordonnance du 29 octobre 1820.)

SERVICE		Pour les escortes des deniers royaux, courriers, voitures pub. convois et munitions de guerre et pour les transfèremens des prisonniers et condamnés. (On donnera un aperçu de ce service.)	OBSERVATIONS DES CHEFS sur l'ensemble du service, la conduite et la réputation de la Brigade.	OPINION DE L'INSPECTEUR GÉNÉRAL.
	Jours et points de correspondance.			

SITUATION.

	Nombre de brigades.	Maréchaux-des-logis.	Brigadiers.	Gendarmes.
Le complet en S.-Officiers et Gendarmes à cheval est de				
L'effectif est de				
MANQUE au complet. . . .				

	Dét.	Abs.
Dont détachés ou absens { Mar.-des-logis		
Brigadiers...		
Gendarmes..		

	Nombre de brigades.	Maréchaux-des-logis.	Brigadiers.	Gendarmes.
Le complet en S.-Officiers et Gendarmes à pied est de .				
L'effectif est de				
MANQUE au complet. . . .				

	Dét.	Abs.
Dont détachés ou absens { Mar.-des-logis		
Brigadiers ...		
Gendarmes...		

ÉTAT PAR ORDRE ALPHABÉTIQUE.

N°. d'ordre de l'entrée de revues.	N°. du Registre matricule.	NOMS ET PRÉNOMS.	BRIGADES auxquelles ILS APPARTIENNENT.	N°. d'ordre du Contrôle de revues.	N°. du Registre matricule.	NOMS ET PRÉNOMS.	BRIGADES auxquelles ILS APPARTIENNENT.

MODÈLE N°. 18.
(Exécution de l'art. 120 de
l'ord. du 29 octobre 1820.)

GENDARMERIE ROYALE.

6e LÉGION.

INSPECTION de 182

MATÉRIEL.

REVUE

DES BRIGADES DE LA COMPAGNIE DE GENDARMERIE

d

Passée par

Inspecteur général, le

Nota. Cette revue sera suivie selon l'ordre
des Lieutenances.

* *BRIGADE à*   d

* Indiquer l'arme et le lieu d'emplacement.

N°. d'ordre du Contrôle de revue.	N°. du Contrôle matricule.	NOMS, Prénoms et Grades.	ARMEMENT. Indiquer l'état de l'armement par les lettres initiales qui suivent : B. bons ; M. manquans ; H. hors d'état de servir ; R. à réparer.			HABILLEMENT, DISTINCTION, COIFFURE ET PETIT ÉQUIPEMENT. Effets des Sous-Officiers et Gendarmes distingués par espèce.		GRAND ÉQUIP Effets délivrés
			Fusils.	Pistolets.	Sabres.	Neufs ou en bon état, reconnus conformes aux modèles.	Défectueux, à remplacer immédiatement ou dans un délai déterminé. Indiquer d'une manière précise, si c'est par l'usage ou par mauvaise confection que les effets sont défectueux.	Neufs ou en bon état reconnus conform aux modèles.

EUTENANCE d

RNACHEMENT. et Gendarmes,	EFFETS MANQUANS d'habillem^t., d'équipem^t. et de harnachement, et dont l'achat est subordonné à l'avoir des Gendarmes.	Situation financière des hommes.		CHEVAUX.					Situation du Casernement des Brigades.
Défectueux, remplacer immédiate- ment, ou dans un délai déterminé.		Avoir	Débet	MANQUANS. M	DATES et prix d'acquisition	PRIX de l'estimation à l'époque de la revue.	CONSERVÉS. C.	RÉFORMÉS. R.	

Nota. Énoncer les motifs qui doivent déterminer des constructions, des réparations aux casernes ou des changemens d'emplacement.

Indiquer si les Brigades sont établies dans des bâtimens publics ou d'ans des maisons prises à loyer, et à quel prix.

Enfin, si les Gendarmes sont placés dans des logemens isolés.

Approvisionnement des Fourrages.

Indiquer si les approvisionnemens sont assurés et en bonne qualité, quelles sont les avances que les Conseils d'administration ont faites pour faciliter les achats en temps opportun, et s'il n'y a pas eu de réclamations pour les paiemens des fournitures.

GENDARMERIE ROYALE.

MODÈLE N°. 19.
(Exécution de l'article 119
de l'ord. du 29 octobre
1820.)

PROCÈS-VERBAL

DE VÉRIFICATION
DE LA COMPTABILITÉ,
ET
D'ARRÊTÉ DÉFINITIF DES COMPTES
POUR L'EXERCICE 18

e. LÉGION.

COMPAGNIE d

L'an mil huit cent   le
Nous   Inspecteur-général du Corps royal de la Gendarmerie, en
exécution des instructions de Son Exc. le Ministre secrétaire d'Etat de la Guerre,
en date du   nous sommes rendu au lieu ordinaire des séances du Conseil
d'administration de la Compagnie de Gendarmerie d   afin de procéder, en
présence de M   Sous-intendant militaire, ayant la police administrative
de la Compagnie, à la vérification de la comptabilité, et à l'arrêté définitif des
Comptes de l'exercice 18

Nous nous sommes fait représenter les différens registres de délibérations, de caisse,
de recette et dépense journalières du Trésorier, ceux particuliers de chaque masse,
et celui de l'habillement, équipement et harnachement, et après avoir reconnu qu'ils [1]

avons vérifié les divers articles de recettes et dépenses de l'exercice 18   sur le livret
de solde, et les pièces justificatives qui nous ont été produites, ainsi que sur les
différens registres où ils devaient être inscrits, et ayant trouvé les [2]

nous avons approuvé et définitivement arrêté les Comptes dudit exercice, déjà vérifiés
préalablement par M [3]

Cette opération étant terminée, nous avons procédé à la vérification de la caisse,
dont la situation réelle se trouvait établie dans les tableaux ci-après, par le travail
préparatoire sur les recettes et dépenses effectuées depuis le 1er. janvier 18   jusqu'à
ce jour, et par l'existence des effets et matières concernant le service de l'habillement,
équipement et harnachement.

[1] Indiquer si les registres sont réguliers, tenus à jour et arrêtés aux époques prescrites.

[2] Indiquer si les recettes et dépenses sont régulièrement constatées et justifiées, et si les fonds ont été affectés à leurs destinations spéciales.

[3] Le nom de l'Intendant ou Sous-intendant militaire.

[4] Indiquer la date de ce procès-verbal.

	SOLDE, supplément et indemnités.	FONDS alloués sur ordonnance spéciale.		MASSES			TOTAL.
				de Fourrages.	de Compagnie.	de Secours.	
SITUATION au 1er. janvier 182	Recette....							
	Dépense....							
	Excéd. de { recette. / dépense.							

Restait en caisse au 1er. janvier 182   . . . .

	SOLDE	FONDS		MASSES			TOTAL.
SITUATION du 1er. janvier 182 [4] au	Recette....							
	Dépense....							
	Excéd. de { recette. / dépense.							

Total devant rester en caisse au { 1er. janvier 182 . . . [4]

TOTAL GÉNÉRAL . . . .

Ouverture faite de la caisse à trois clés, ladite somme de

nous a été représentée dans les espèces et valeurs ci-après ; savoir :
En espèces dans la caisse. . . . .
En effets représentatifs. . . . .

SOMME ÉGALE. . . . .

Nous étant livrés à l'examen des objets représentatifs, nous avons
reconnu qu'il existait :
1°. (5)

(5) Indiquer l'espèce, l'origine
et le montant des effets actifs, s'ils
sont sujets à discussion, et quels
moyens doit employer le Conseil
d'administration pour les faire dis-
paraître.

(6) Indiquer sommairement les
quantités et valeurs des matières
et effets d'habillement, etc.

(7) Faire connaître si ce service
est bien administré ; quel est le
montant des achats et celui des
paiemens aux fournisseurs : si les
matières sont de bonne qualité, les
effets bien confectionnés, et s'il y
a eu des rejets pour contravention
au règlement du 5 février 1819.

(8) Indiquer si ce service est
bien géré et conformément aux dispositions de la circulaire du 14
août 1818 : si les brigades se sont
approvisionnées en fourrages de
bonne qualité : si elles reçoivent
régulièrement les allocations qui
leur ont été fixées, et s'il n'existe
aucune réclamation contre elles
pour les paiemens qu'elles ont à
faire aux fournisseurs.

(6)

f.   c.

TOTAL. . . . .

Service de l'habillement, équipement et harnachement (7).

Les dépenses d'achat pour ce service se sont élevées à
sur lesquelles il a été payé aux fournisseurs une somme de

Gestion des fourrages (8).

Le compte des fourrages de l'exercice 18   présente un fonds de réserve de

15

Masse de compagnie (9).

La situation de cette masse présente à l'époque de ce jour les résultats suivans :

. . . Sous-officiers et Gendarmes ont à la masse. . {Présens. . . } {Absens. . . }

. . . Sous-officiers et Gendarmes redoivent à la masse. {Présens. . . } {Absens. . . }

(10)   à la masse. . . . . .

Masse de secours (11).

Le produit de cette masse pendant l'exercice 18 a été de. . . . . .

dont le cinquième est de. . . . .
Les frais d'administration ont été de. . . . .

PARTANT, il a été dépensé (12). . . . .

Nous avons approuvé, après un examen particulier, l'emploi des sommes ci-après sur les fonds de cette masse, savoir :

1°. Pour des secours urgens et motivés, accordés d'après l'autorisation du Colonel de la Légion, à   sous-officiers et gendarmes, montant à la somme de . . . .

2°. Pour la répartition à titre d'indemnité, en faveur de   sous-officiers et gendarmes, à raison de leurs besoins bien reconnus et de pertes éprouvées dans le service, une somme de . . . .

3°.(13) Pour contrôles et imprimés nécessaires à l'inspection générale, une somme de. . . . .

(14)

Fonds alloués sur ordonnances spéciales du Ministre
pour indemnités, gratifications, ou avances(15).

(16) Il a été accordé depuis l   18   à   gendarmes, des avances montant en totalité, jusqu'à ce jour, à . . . .
Les retenues qui ont été faites à ces militaires, pour le remboursement de ces avances, s'élèvent à . . . .

RESTE à réintégrer au Trésor. . . . .

---

(9) Énoncer au bas de la situation si cette masse est bien administrée ; si les comptes ouverts sont constamment à jour et conformes au détail porté sur les livrets régulièrement arrêtés aux époques convenables ; si les relevés des comptes ouverts sont signés sans réclamation par les gendarmes.

(10) Expliquer d'où proviennent les différences qui existeraient dans les situations de la masse.

(11) Énoncer après le compte si on a suivi scrupuleusement toutes les dispositions de la circulaire du 30 mai 1818.
M. l'Inspecteur général fera dresser le relevé à part, d'après les quittances des marchands, des dépenses administratives payées sur le 5°.
Ce relevé sera annexé au procès-verbal.

(12) La balance s'établit en moins dépensé, ou en dépense égale au 5°. Mais, si le cinquième avait été outrepassé, le rejet de l'excédant serait mentionné avec quelques détails.

(13) Ces dépenses ne doivent être allouées en sus du 5°. que lorsqu'il y a insuffisance réelle.

(14) On mentionnerait ici les observations auxquelles auraient pu donner lieu la solde et accessoires.
Nota. On ne devra pas faire figurer dans le procès-verbal le relevé des dettes et créances des exercices arriérés. Il sera pris des mesures générales à cet égard.

(15) Énoncer si les brigades ou les hommes individuellement ont reçu aux époques convenables, les indemnités ou gratifications qui leur ont été accordées par le Ministre sur ordonnances spéciales.

(16) En présentant le relevé du compte des avances de 400 fr. remboursables au Trésor, par 8°., d'année en année, faites aux nouveaux gendarmes, pour les aider à se monter, on indiquera si les conseils d'administration font exactement les retenues, et d'après quel mode.

RÉSUMÉ.

La vérification des comptes terminée, nous nous sommes occupés de l'examen du contrôle annuel, du registre matricule des hommes, et du contrôle signalétique des chevaux ; nous avons reconnu [17]

Nous avons fait également les observations suivantes sur la tenue des registres de comptabilité [18].

Avant de clore le présent procès-verbal nous avons   au Conseil d'administration [19].

Nous avons également [20]   au Trésorier

Fait, clos et arrêté à   les jour, mois et an que dessus, le présent procès-verbal, qui a été transcrit sur le registre des délibérations du Conseil d'administration de la Compagnie, que nous avons signé avec M. le Sous-intendant militaire.

(17) Consigner les observations faites sur l'ordre et la tenue des écritures, signaler les irrégularités, soit dans l'inscription des noms, prénoms, dates et lieux de naissance, et des services des hommes, soit dans le signalement des chevaux, et les époques et prix d'acquisition.

(18) Indiquer particulièrement si toutes les délibérations sont écrites par ordre de dates, sans interlignes et lacunes.

S'expliquer ensuite sur l'ensemble de l'administration et de la comptabilité. Indiquer si le Conseil est régulièrement composé, et s'assemble comme il est prescrit par les réglemens ; si les délibération. sont signées séance tenante, et si les trois clés de la caisse sont entre les mains des Officiers que les réglemens en constituent les dépositaires.

En cas de déficit, l'Inspecteur-général en signalera les auteurs, et fournira tous les renseignemens nécessaires pour pouvoir déterminer le degré de culpabilité de chacun, la part de responsabilité, et la quotité des retenues à exercer sur son traitement.

Ce travail exigeant d'assez grands développemens, il serait fait un rapport particulier au Ministre.

(19) Désigner nominativement ceux qui auront fait preuves de talens administratifs et mérité des éloges. Faire aussi mention des réprimandes qu'ils se seraient mis dans le cas de recevoir.

(20) Exprimer une opinion sur la gestion particulière du Trésorier, sur son aptitude et son application à ses fonctions.

. LÉGION.

REVUE ANNUELLE
DE COLONEL.

ANNÉE 18

MODÈLE N°. 20.

FEUILLE de la revue faite par M.

DÉSIGNATION		LIEUX DE RÉUNION des Brigades pour la Revue.	ÉPOQUE de LA REVUE.	CERTIFICATS DE PRÉSENCE délivrés par MM. les Préfets ou Sous-Préfets.
des LIEUTENANCES.	des COMPAGNIES.			

e. LÉGION.

COMPAGNIE

d

TOURNÉE
DE CAPITAINE
OU LIEUTENANT.

du mois d   18

M.

MODÈLE N°. 20 *bis*.

FEUILLE justificative de la tournée du mois d
182   , faite par M.

LIEUX DE RÉSIDENCE DES BRIGADES.	INDICATION DU JOUR où la Brigade a été inspectée.	CERTIFICATS DE PRÉSENCE.
		Nous, Maire soussigné, certifions que M. *s'est présenté dans la commune d* *le et a requis de nous le visa de sa feuille de* *tournée.*
		Nous, Maire soussigné, certifions que M. *s'est présenté dans la commune d* *le et a requis de nous le visa de sa feuille de* *tournée.*

GENDARMERIE ROYALE.

e. LEGION.

MODÈLE N°. 21.

(Exécution des art. 179, 180, 194, 204 et 206 de l'ordonnance du 29 octobre 1820.)

COMPAGNIE du Dép'. d

Brigade à   d

JOURNAL de Service fait par la Brigade d

pendant le mois d   182

Jours du mois	SERVICE			DISTANCES PARCOURUES dans chaque tournée, correspondance ou conduite extraordinaire.	Noms des prisonniers transférés, leurs routes assignées, nombre de places prises aux ordres de conduite. Dates et lieux de la remise des prisonniers et des pièces. Noms des hommes évadés, date et lieu de l'évasion, destination qu'ils devaient recevoir; remise des pièces qui les concernent et des procès-verbaux sur leur évasion. Nota. Les reçus des hommes et des pièces, seront constatés dans cette colonne.	SIGNATURES des MAIRES ET ADJOINTS ou autres personnes notables.
	A la résidence pour le service habituel de surveillance, et pour l'exécution des réquisitions des autorités. Nota. On doit inscrire dans cette colonne les jours où les Lieutenans représentent dans la résidence et par l'inspection de la brigade.	Hors la résidence pour tournées dans les communes, guides et patrouilles sur les routes et dans les foires et marchés, captures de voleurs, arrestations de vagabonds et mendians, et de tous autres individus signalés, prévenus, ou en flagrant délit.	Correspondances, conduites de prisonniers ou condamnés, escortes de voitures chargées des fonds du gouvernement, convois de poudres, manufactures, etc. Nota. On désignera dans cette colonne les jours où les Lieutenans viendront, conformément à l'article 191, les points de correspondance des brigades.			
1						
2	Les cases se continuent jusqu'à 31, et se prolongent jusqu'à la 4e page, où se trouve le vérifié suivant.					

Certifié véritable par nous

et Gendarmes de la Brigade en résidence à

RAPPORT du Commandant de la Lieutenance sur le Service de la Brigade.

*Nota. Le Lieutenant fera connaître, à la suite de son rapport, les jours où il a visité la Brigade dans sa résidence, et les points de correspondance.

Vu et vérifié par moi   Commandant la

Compagnie de Gendarmerie d

A   le

GENDARMERIE ROYALE.

e. **LÉGION.**

COMPAGNIE d

MODÈLE N°. 22.

(Exécution des articles 200,
201, 204, 210, 211, 215,
218, 219 de l'ord. du 29
octobre 1820.)

ORDRE DE CONDUITE.

Le Capitaine commandant la Gendarmerie Royale du Département
d

Ordonne au (1)   de l'arme en résidence
a   de faire extraire de la
de cette ville, et conduire de Brigade en Brigade a
devant

(1) On portera en marge le
nombre des Gendarmes et le
nom du Sous-Officier ou Gendarme qui a le commandement
de l'escorte.

Le dénommé ci-après : (2)

(2) On inscrira avec la plus
grande exactitude les nom,
prénoms, profession, domicile
et signalement du prisonnier.

La plus grande surveillance est recommandée aux Sous-Officiers et
Gendarmes successivement chargés de l'escorte de
Ils se rappelleront sans cesse, que les lois les rendent responsables des individus confiés à leur garde, et ils s'attacheront à remplir scrupuleusement les devoirs qui leur sont imposés, pour l'exécution de ce service, par l'ordonnance du Roi du 29 octobre 1820, en
conciliant autant que possible les mesures à prendre pour prévenir et
empêcher les évasions avec les égards que l'humanité réclame.

Dans les cas d'évasion d'un ou de plusieurs prisonniers, le Commandant de l'escorte doit dresser sur-le-champ un procès-verbal pour
constater toutes les circonstances de la fuite, et l'adressera immédiatement, avec les pièces, au Lieutenant de Gendarmerie de l'Arrondissement, sans négliger les recherches et poursuites pour atteindre les
évadés. Le procès-verbal doit toujours faire mention des noms des
Gendarmes qui étaient chargés de la conduite.

Les moindres infractions ou omissions à cet égard rendraient les
Sous-Officiers et Gendarmes passibles de peines sévères.

DÉTAIL DES PIÈCES
JOINTES AU PRESENT ORDRE.

Nota. Si le transfèrement a
lieu en vertu d'un mandat de
justice, on joindra à l'ordre de
conduite la copie de la réquisition de l'Officier de police judiciaire.

A   le   182

Observation. La Gendarmerie doit veiller à la conservation des fournitures d'habillement qui auraient été
faites aux prisonniers par les Autorités civiles et militaires, et prendre toutes les mesures nécessaires pour
qu'il ne soit détérioré ni détourné aucun des effets pendant la route, et principalement dans les lieux de gîte.

FEUILLE sur laquelle les Gendarmes, Geoliers ou Concierges des Prisons, et Économes des Hôpitaux, qui recevront le nommé condamné à la peine de   dirigé sur   inscriront leur récépissé constatant que ce condamné leur a été remis avec tous les effets d'habillement et d'équipement détaillés dans la Feuille de route jointe à la présente.

MODÈLE N°. 23.
(Exécution de l'article 218 de l'ordon. du 29 octobre 1820.)

RECUS DES GENDARMES de l'Escorte.	REÇUS DES GEOLIERS OU CONCIERGES DES PRISONS dans lesquelles le condamné sera déposé.	REÇUS DES ÉCONOMES DES HÔPITAUX dans lesquelles le condamné sera déposé.

* Cette Feuille doit être jointe à l'ordre de conduite lorsqu'il s'agit du transfèrement des militaires condamnés.

Article 218 de l'ordonnance du 29 octobre 1820. (*Voir cet article.*)

. LÉGION.

COMPAGNIE
de Gendarmerie du
Dép.t d

REGISTRE ANALYTIQUE des procès-verbaux des opérations de la Gendarmerie du Département d

MODÈLE N°. 24.
(Exécution des art. 146 et 187 de l'ordonnance du octobre 1820.)

Nota. Tous les procès-verbaux faits par les Brigades doivent être adressés en double expédition, l'une pour l'autorité compétente, et la seconde pour le commandant de la lieutenance, qui la transmet, avec ses observations, au commandant de la Compagnie.

N°. d'inscription des procès-verbaux, suivant l'ordre de leurs dates ou l'entrée.	DATES des PROCÈS-VERBAUX.	LIEUX où ils ont été dressés.	Noms, grades et résidences des officier, sous-officiers et gendarmes signataires des procès-verbaux.	Indication du fait soit d'arrestation, soit d'évasion, d'attaque, d'assassinat, viol, etc., qui a donné lieu à chaque procès-verbal.	ANALYSE des PROCÈS-VERBAUX.	OBSERVATIONS.

°. LÉGION.

COMPAGNIE d

MODÈLE N°. 25.
(Exécution de l'article 267 de l'ordon. du 29 octobre 1820.)

REGISTRE DE DISCIPLINE

Établi en exécution de l'article 267 de l'Ordonnance du Roi, du 29 octobre 1820, contenant   pages, paraphées par première et dernière par le Chef de la Légion.

DÉSIGNATION des Brigades.	N°. du Contrôle.	NOMS et PRÉNOMS.	Age.	Grades.	BONNES NOTES. Les actions remarquables, les opérations importantes; les éloges et les récompenses obtenues. L'instruction; l'intelligence; le zèle et le dévouement; une activité soutenue; une conduite exemplaire; une bonne économie, et toutes les qualités privées qui peuvent ajouter à la considération de l'arme.	MAUVAISES NOTES. Les négligences, les fautes et les délits. Les réprimandes et punitions déjà subies; la durée et l'espèce de ces punitions. L'incapacité; le défaut de zèle et d'activité; la mauvaise troupe; les dettes; la passion du jeu; les fréquentations nuisibles au service, et tous les faits qui, dans la vie habituelle, peuvent porter atteinte à la réputation personnelle du militaire.	Observations ultérieures atténuantes ou aggravantes, d'après les informations et vérifications faites par les chefs aux époques des tournées et des revues.

Nota. Un extrait de ce Registre est adressé chaque mois par le Commandant de la Compagnie au Colonel de la Légion. On aura soin d'indiquer les dates des faits analysés dans les colonnes des bonnes et mauvaises notes.

FIN.